Richard Rother

EIN KÜNSTLERLEBEN

RICHARD ROTHER

EIN KÜNSTLERLEBEN ZWISCHEN MAIN UND REBEN

Mit 53 Holzschnitten und einem Scherenschnitt

Einleitung und Ausklang
von Bruno Rottenbach

ECHTER

© 1978 Echter Verlag Würzburg
Idee und Realisierung: Heinz Otremba
Gestaltung des Schutzumschlags und Umbruch: Josef Langhans
Gesamtherstellung:
Fränkische Gesellschaftsdruckerei GmbH Würzburg
Printed in Germany
ISBN: 3 429 00549 3

INHALT

An den Leser 9

Wie der unsympathische Lehrer in die Luft flog und der Lausbub Rother von der Schule – Harte Strafe ebnete den Weg zur Kunst 14

Aus dem Atelier Professor Widmer, Nürnberg, an die Front – Verliebt in eine reizende Pflegerin – Glückliche Begegnung im Nürnberger Hauptbahnhof 17

Zur Begrüßung in Kitzingen: Schön warm, aber fürchterlicher Gestank | Mit Besatzungsoffizieren angebandelt 19

Liebe auf den ersten Blick | Der Baron im Kartoffelkeller | Neubeginn im Doktorshäusle mit Plumpsklo und Petroleumlampe 22

Student spannte »erste Liebe« aus | Gertrauds Geburt war an allem schuld | Wie ich ein Holzschneider wurde 26

Kätchens Hochzeitskarte machte Furore | Das Käterla und die Gerstenernte | Badetag ist nur vor der Kirchweih 29

Die Stimme aus dem Hintergrund | »Götz von Berlichingen« und der Generalfeldmarschall | Die verwechselten Ehebetten 31

»Der liebe Heiland« der Baronin / Eva mit den fränkischen Klößen / Hirt von 200 Schafen / Am Weinkeller führt kein Weg vorbei 35

Der Gesangverein in der guten Stube / Auch die Männer wollten mitsingen / Als wir Nikolaus Fey zu Grabe trugen 39

Hausbau auf lauter Wechseln / Der Menschenfreund Meyer aus Kitzingen / Mut vor Ministerthronen / Der Posten staunte nicht schlecht 43

»Sie waren bei Goebbels, Sie Schweinehund!« / Flucht nach Zürich abgelehnt / Bruchlandung auf dem Nürnberger Flugplatz 47

Die »Schlacht« von Sickershausen / Ein sonderbarer Auftrag / Ein Denkmal, das das Tausendjährige Reich nicht überlebte 51

Bei Lotta nicht vergeblich geklopft / Familienzusammenführung à la 1945 / Der mißbrauchte Gutsverwalter 55

Die Zeuner-Familie / Heinrich war mein bester Freund / Die Pute mit dem geschienten Bein / Wecken mit dem alten Polyphon 59

In der Kunst- und Handwerkerschule waren wir eine große Familie / Die mißbrauchten »Rother« / Auf einen guten Schoppen nicht verzichtet 65

Die Rosel aus Obervolkach / Das Brünnle in der Münzschule / In Selb bei Rosenthal gearbeitet / In Indien wie eine Heilige verehrt 69

Unfreiwilliger Heiratsvermittler / Acht Tage Sonderurlaub zum Besuch Rudolf Schiestls / Ein verständnisvoller Hauptmann 73

Im Bienenhaus auf die Lauer gelegt / Zwei Lausebengel gingen in die Falle / Bienenhonig gegen ein Säule / Mit einem Holzvergaser über Land 75

Das »junge, nette Mädel Dagmar« aus Kranji / Gutbesuchte Ausstellungen in Jugoslawien und Schweden / Zur Vernissage herzlich eingeladen .. 81

Das Scheinwerferlicht der Öffentlichkeit gescheut / Aber dennoch im Kaisersaal der Würzburger Residenz eine Rede gehalten 85

Zu guter Letzt 91

*Die eingefügten Holzschnitte sind eine kleine,
vom Text unabhängige Auswahl
aus dem jahrzehntelangen Schaffen des Künstlers.*

AN DEN LESER

Das ist typisch für den Holzschneiderpoeten Richard Rother, der am 8. Mai 1978 auf seiner Lebensleiter frisch und vergnügt die 88. Sprosse erklomm: Als ihn unlängst Würzburgs Oberbürgermeister zur feierlichen Enthüllung seines Häckerbrunnens auf dem Oberen Markt eingeladen hatte, drückte er sich um Festakt und schöne Reden und entkorkte dafür in seinem Kitzinger Atelier eines jener bauchigen Bocksbeuteloriginale, die ihm auch heute noch getreue Weggenossen sind. Dabei wäre er schließlich neben dem Stifter die Hauptperson gewesen. Aber Richard Rother hat nun einmal seit eh und je einen ehrlichen Horror dagegen, irgendwo im Mittelpunkt zu stehen. Dabei sind es nicht einmal die oft überflüssig langen Reden, die den Holzschneider und Bildhauer stören. Mit fast neun Jahrzehnten kommt er sich bei derartigen Veranstaltungen oft schon selber wie ein wandelndes Denkmal vor. Nicht, daß er sich so alt fühlt, der wackere Weißbärtige mit dem jungen Herzen. Aber aus dem Gerede der Leute und ihren vielen Fragen muß er nicht selten zwangsläufig darauf schließen, daß er so eingeschätzt wird.

Doch betrachten wir noch kurz seinen Häckerbrunnen zwischen Falkenhaus und Dietrichspital. Anfänglich hatte Richard Rother davon eine andere Vorstellung. Er wollte einen richtigen Weinbrunnen schaffen mit einer ganzen Reihe von heiteren Figuren aus dem Weinbau, mit einem besonderen künstlerischen Eigenwert an diesem exponierten Platz. Doch als der Preis den Stifterbetrag überstieg und noch ein erheblicher Zuschuß seitens der Stadt notwendig gewesen wäre, machten die Verantwortlichen aus der (Finanz)Not eine Tugend und beschränkten sich auf den jetzigen Häckerbrunnen. Nach langem Hin und Her hat ihn Richard Rother so geschaffen, wie er sich angesichts der eingeschränkten Möglichkeiten noch eine würdige Ehrung des uralten Standes der Winzer und Häcker vorstellte. Auf einem Sockel steht ein verschmitzt schmunzelnder Häcker mit Karst und Mostbartel, wie er allenthalben zu finden ist an den Rebhängen des mainfränkischen Hügellandes.

Immer wieder wird Richard Rother danach gefragt, wie er eigentlich von einem Bildhauer, der er von Anfang an war und bis heute auch geblieben ist, zu einem fränkischen Holzschneider wurde. Denn dem Holzschnitt verdankt er zweifellos einen viel größeren Bekanntheitsgrad als der Bildhauerei. Aber Riro, wie die Zunftgenossen aus der »Hetzfelder Flößerzunft« ihren Senior nennen, ist die Antwort auf diese Frage oft schuldig geblieben, hätte sie ihn doch gezwungen, mehr als unbedingt nötig von sich zu erzählen. Und was den vorliegenden Band angeht, so fiel es ihm auch diesmal nicht gerade leicht, von sich und seinem künstlerischen Weg zu berichten, über sein Leben, und vor allem über seine Erlebnisse. Aber er hatte es einigen seiner Freunde versprochen, und die nahmen ihn anläßlich seines 88. Geburtstages beim Wort. Wenn er dabei weniger auf Biographisches und mehr auf Erlebnisse und Anekdoten eingeht, die sein ganzes Leben bereicherten, dann nicht zuletzt deshalb, weil die Heiterkeit allein, wie schon Schopenhauer sagte, gleichsam die bare Münze des Glückes ist. Aus jener Heiterkeit, die Teil seines

Wesens ist, wurde der ganze Reichtum seiner köstlichen Einfälle geboren. Und dieser Quell ist bis heute noch nicht versiegt.

Aber noch ein anderes kam hinzu: die Verwurzelung mit diesem wunderbaren Fleckchen Erde, das man Mainfranken nennt, und für das »Unterfranken« nicht selten wie eine Art Degradierung anmutet. Mainfranken, die »weite stromdurchglänzte Au« Victor von Scheffels im sanften Klang der Linien, überspannt vom blauen Himmel, kultur- und kunstträchtig bis in seine letzten Winkel. Diese eigenwillige Landschaft mit ihren Städten und Dörfern gehört zum Frankenwein wie der Wein zur Geschichte des Frankenlandes. Wenn es irgendwo eine innige Verschmelzung von Landschaft, Natur und Kultur gibt, dann hier im fränkischen Weinland. Am Mainufer aufgereiht wie die Äpfelschnitz an einer Schnur, liegen die idyllischen Weinnester, mit Würzburg als Herzstück. Hier wie dort, in der mainfränkischen Metropole gruppiert um den schönsten Pfarrhof der Welt, findet man die herzhaftesten Weinprobierstuben der Welt.

Beim Wein begegnet man den Mainfranken. Richard Rother ist ganz einer der ihren geworden. Sie bestimmten sein Wirken. Der Mensch dieses gottgesegneten Landes wurde ihm zum besonderen Anliegen. Aus Dankbarkeit haben ihn die Franken vorbehaltlos angenommen. Mehr noch. Er wurde zum Mainfranken schlechthin, ohne dabei mehr sein zu wollen, als jeder andere, der gleich ihm eingefügt ist in jenes fränkische Gleichmaß der Dinge, die Ordnung des Ganzen. Aus ihr und der anregenden Schwere des einmaligen Weines, der Richard Rother noch heute über die Lippen geht wie ein unentbehrliches Lebenselixier, blüht, wie der Duft aus dem Glase, die beglückende Blume der Heiterkeit und der Künste.

Daher ist dieser Band zugleich auch eine Einladung, mit dem Holzschneider und Poet dazu ein wenig durch diese schöne Landschaft zu spazieren, sich mit ihm in eine der schummrigen Weinstuben zu hocken, sich gleich ihm herznah verbunden zu fühlen mit den Weinbauern, den Winzern und Häckern, den Kellermeistern, den Fischern, Landleuten und Bürgern in den immer noch heimeligen Gassen und Schenken der alten Städte und Dörfer. Das eine aber sei namens des Künstlers seinen Freunden, und diesmal vor allem seinen Lesern, vorweg gesagt: Mehr als mit seinen Holzschnitten vermag Riro auch mit Worten und Erinnerungen nicht zu schenken. Erzählt und aufgeschrieben seien sie dennoch, hoffentlich allen Lesern zu reiner Freude.

Bruno Rottenbach

Wie der unsympathische Lehrer in die Luft flog und der Lausbub Rother von der Schule – Harte Strafe ebnete den Weg zur Kunst

In Bieber im Spessart, unweit der Barbarossapfalz Gelnhausen und des Heilbades Orb, wurde ich am 8. Mai 1890 geboren. Aber die knorrigen Spessarteichen schienen nicht so recht zu meiner Art zu passen. Der Himmel hatte Erbarmen mit mir und verpflanzte mich eines Tages zwischen die Rebstöcke an den Ufern des Mains. Fröhstockheim, Würzburg und Kitzingen markieren jene Stationen um das Mainviereck, an denen ich Wurzeln schlug und seßhaft wurde.

Das ging jedoch alles nicht so schnell, wie es erzählt ist. Vorerst drückte ich einmal nach der Volksschule die harten Bänke des Humanistischen Gymnasiums in Hadamar, eines kleinen Städtchens, das von 1607 bis 1711 Sitz der Grafen von Nassau-Hadamar war. Mein Vater war Amtsgerichtsrat. Und soweit ich auch in meiner Famiile Umschau halte, einen Künstler kann ich nirgends entdecken. Aber für mich stand schon in meiner Jugend fest, daß ich einmal einer werden wollte. Ich habe mein Talent auch nicht verhehlt, sondern es eher recht dreist und respektlos bekundet. Wir hatten damals am Gymnasium in Hadamar einen recht unsympathischen Lehrer. Als die Zeit des Drachensteigens kam, in der jeder Bub seinen eigenen Drachen baute, malte ich das Konterfei dieses Lehrers auf meinen Drachen und ließ ihn unter Beifall und Gelächter meiner Mitschüler in die Luft steigen. Das Lehrerkollegium setzte zwar in der

Mehrheit recht saure Mienen ob des bösen Spiels auf, denn es war sich damals der Fülle seiner Autorität voll bewußt. Es wollte dennoch Nachsicht üben. Aber das Consilium abeundi, der Rat also, von der Schule abzugehen, blieb mir und meinen Eltern nicht erspart. Das war zwar für einen Lausbubenstreich eine harte Strafe, aber sie kam mir gar nicht so ungelegen: Endlich konnte ich mich ganz meiner künstlerischen

Ausbildung widmen. Diese führte mich zuerst an die Kunstgewerbeschule nach Nürnberg, in die Klasse des Bildhauers Professor Max Heilmeyer. Hier konnte ich meinen Neigungen frönen und erhielt eine gute Ausbildung im Zeichnen und Modellieren. Übrigens erteilte an dieser Schule auch Professor Rudolf Schiestl den graphischen Unterricht.

Im Jahre 1910 zog es mich dann an die Akademie nach München. In der Bildhauerklasse von Professor Hermann Hahn erhielt ich einen Platz. Leider konnte ich ihn nicht nutzen, da mein Vater inzwischen gestorben war. Dafür reichte die Witwenrente der Mutter – meine beiden Brüder und eine Schwester besuchten Mittelschulen – nicht aus. Bis zum Ausbruch des Krieges 1914 fand ich oft Gelegenheit, in den Ateliers namhafter Bildhauer in München, Offenbach, Frankfurt am Main und bei Professor Widmer in Nürnberg zu arbeiten. Diese Werkstattarbeit ergänzte in geradezu glücklicher Weise meine Ausbildung in Holz, Stein und Stuck. Die Berührungen mit den Anforderungen der Praxis legten den Grund zu umfassenden beruflichen Kenntnissen. Das Handwerk ergab die Voraussetzungen für die so notwendige Einheit zwischen Künstler und Handwerker. Kein Material, das gestalterische Möglichkeiten bietet, blieb mir fremd.

Aus dem Atelier Professor Widmer, Nürnberg, an die Front – Verliebt in eine reizende Pflegerin – Glückliche Begegnung im Nürnberger Hauptbahnhof

Diesen durchaus normalen Ausbildungsgang unterbrach der erste Weltkrieg. Gleich Tausenden von Gleichaltrigen wurde ich Frontsoldat. Im Jahre 1916/17, in der Champagne, hat es mich erwischt. Vierundfünfzig Stunden war ich verschüttet und erlitt schwere Quetschungen an beiden Oberschenkeln. Als Kriegsverwundeter kam ich weg von der Westfront und wurde in Alexandersbad im Fichtelgebirge im damaligen Schloß, das in ein Lazarett umgewandelt worden war, ein ganzes Jahr lang gepflegt. Der einzige Lichtblick dieser Zeit war eine reizende Pflegerin, in die ich echt verliebt war. Es war die Tochter eines dortigen Fabrikbesitzers, die freiwillig im Lazarett Dienst leistete. Zu bald wurde ich als Kriegsbeschädigter entlassen und mußte Alexandersbad Valet sagen.

Meine nächste Station war Regensburg. Dort kam ich zum Ersatzbataillon, das außerhalb der Stadt in einem Bierkeller untergebracht worden war. Es ging mir damals furchtbar schlecht. Die mir verliehene Silberne Tapferkeitsmedaille mit einer lebenslänglichen 25-Mark-Rente und einem militärischen Salut an meinem Grab war nur ein schwacher Trost. Aber ich hatte Glück im Unglück. Als ich entlassen worden war, wollte ich zu meiner Mutter, die bei Limburg an der Lahn lebte. Auf der Fahrt von Regensburg dorthin hatte ich im Nürnberger Hauptbahnhof stundenlang Aufenthalt. Als ich im Wartesaal hockte, setzte sich ein älterer Herr zu mir und zog mich in eine Unterhaltung. Ich erzählte über meinen Beruf, meine bereits absolvierte Ausbildung und beklagte die mangelnden Zukunftschancen. Darauf er freundlich und ermunternd: »Wenn Sie gesund werden, kommen Sie nach Kitzingen. Ich bin dort Bürgermeister. Graff ist mein Name. Ich sorge dann schon für Aufträge.«

Vorerst schlug ich mich einmal nach Limburg durch zu meiner Mutter. Als ich mich gesundheitlich einigermaßen erholt hatte, nahm mich der Besitzer des Schnepfenhäuser Hofes bei Hadamar als »Kriegshilfsdienstler« auf. Von dort aus zockelte ich täglich mit einem Eselsgespann in die Stadt, um die Milch abzuliefern.

Am meisten Spaß machte mir die Arbeit in einer Werkstatt mit Feldschmiede, wo ich vor allem landwirtschaftliche Geräte reparierte. Auch sonst gab es auf dem Hofe immer zu tun. Wenn ich nicht in der Werkstatt hämmerte, stand ich in der Därranlage und trocknete Gemüse oder Kartoffeln. Denn Trockengemüse war ein wichtiger Erwerbszweig des Hofes. Aber mich hielt es nicht lange auf dem Gut. Ich erinnerte mich der Begegnung mit dem Kitzinger Bürgermeister Graff und trachtete danach, mein Zelt in diesen Regionen bald abzubrechen. Erst mußte ich allerdings noch einen Grabstein machen, nachdem man mein Talent auf diesem Gebiet entdeckt hatte. Dann, als der Krieg zu Ende war, brach ich mit 180 Mark auf nach Kitzingen.

Zur Begrüßung in Kitzingen: Schön warm, aber fürchterlicher Gestank – Mit Besatzungsoffizieren angebandelt

Natürlich meldete ich mich in Kitzingen zuerst bei Bürgermeister Graff. Er freute sich über meinen Besuch und versprach mir, sich bald um eine Wohnung zu kümmern. Vorerst schrieb er mir einige freundliche Zeilen für den Wirt des Gasthofs »Zum Einhorn«, einer Bauernwirtschaft am Säulesmarkt. Dort bekam ich dank der Empfehlung ein Zimmer über dem Stall. Es war zwar schön warm, aber es hat fürchterlich gestunken. Bürgermeister Graff hielt Wort und besorgte mir eine Werkstatt. Die Witwe des Kommerzienrats Preller war die Besitzerin eines alten Wasserwerks an der Straße nach Mainstockheim. Es war eine Maschinenhalle, die etwas am Hang hing. Aber mitsamt einem Zimmer mit Betonboden bekam ich das alles kostenlos und konnte mich niederlassen. Bald erhielt ich einen ersten »Auftrag«. Es ging um einen Gedenkstein für einen General, der für den Kitzinger Flugplatz verantwortlich war. Ich machte zwar Entwürfe über Entwürfe, auch für Schlußsteine am Wasserreservoir, aber ich erhielt nie eine Bestellung.

In dieser Zeit erster Enttäuschung suchte mich eines Tages Frau Gretel Fuchs auf, die Tochter aus der damaligen Weingroßhandlung Munk. Ob ich auch Porträts machen könne, fragte sie und wollte eine Porträtbüste von ihrem einzigen Sohn. Nun, ich hatte Lehm und eine Tonkiste, hatte einen Drehbock mitgebracht und machte die Büste. Sie gelang mir gut, und weitere Aufträge blieben nicht aus.

Kurz vor meinem Neubeginn in Kitzingen spielte eine Geschichte mit meinem Bruder. Er hatte früher bei der Schutztruppe in Südwest-Afrika gedient. Bei seiner Entlassung mußte er einen Eid ablegen, nie mehr gegen die Alliierten zu kämpfen. Aber er war ein begeisterter Flieger. Da Finnland ein neutrales Land war, trat er in die finnische Armee ein. Er bildete Fliegernachwuchs aus und avancierte schließlich zum Generalleutnant. Als solcher trug er eine pompöse Uniform. In dieser kreuzte er eines Tages, frech wie er war, bei meiner Mutter auf, die inzwischen einen Bauernhof bei Limburg, der in der Besatzungszone Koblenz lag, übernommen hatte. Er wurde verhaftet und kam ins Gefängnis nach Montabaur. Das war etwa in den Jahren 1921/22. Zu dieser Zeit hielt sich gerade meine Schwester Else auf dem Hof auf. Die wiederum hatte eine aus Rheydt stammende Freundin, Else Janke mit Namen. Sie war bildhübsch und meine Schwester nicht minder. Beide hatten sich einen gut ausgeklügelten Schlachtplan zur Befreiung meines Bruders zurechtgelegt und waren von seinem Gelingen fest überzeugt. Sie bandelten mit amerikanischen Besatzungsoffizieren an und hatten sie bald so eingewickelt, daß es gelang, meinen Bruder aus dem Gefängnis zu holen und über die Grenze zu bringen. Aber dann war es aus mit dem guten Verhältnis. Vor allem meine Mutter wurde von den Amerikanern schikaniert. Sie mußte weg aus dieser Gegend. Ein Grund mehr für mich, recht schnell eine Wohnung zu suchen.

Liebe auf den erſten Blick – Der Baron im Kartoffelkeller – Neubeginn im Doktorshäusle mit Plumpsklo und Petroleumlampe

Um meine Mutter zu mir zu nehmen, reichte mein Zimmer in Kitzingen nicht aus. Ich machte mich also auf Wohnungssuche und fuhr wochenlang in der Gegend umher. Bis ich eines Tages nach Fröhstockheim kam. Schon die erste Begegnung mit diesem kleinen Ort war Liebe auf den ersten Blick. Und noch heute, wenn ich die Bilanz eines langen Lebens ziehe, erscheinen mir rückblickend die Jahre in Fröhstockheim als die schönsten. Die Erinnerung an diese unvergeßliche Zeit läßt mich heute noch lächeln und schmunzeln.

In Fröhstockheim fand ich unweit des alten Schlosses das sogenannte Doktorshäusle. Der Schloßherr, Baron von Crailsheim, hatte es als Witwensitz für seine Frau vorgesehen. Seit Jahren stand es leer und träumte, ein wenig verwahrlost, in den Tag. Ich fand das Tor zum Schloß offen und klingelte. Es hörte niemand. Aber seitwärts aus einem Kellerloch flogen faule Kartoffeln heraus. Als ich mich neugierig nach dem Kartoffelsortierer umschaute, bemerkte ich im Keller einen verschmutzten Kerl mit einem dicken wollenen Schal um den Hals. »Wo ist denn der Baron?«, rief ich hinunter. Krächzte mir eine Stimme entgegen: »Der Herr Baron bin ich!« Heijeijei, dachte ich, jetzt ist es Essig mit einer Wohnung nach dieser respektlosen Anrede. Aber es ergab sich doch eine Lösung. Ich fand zunächst eine Bauernwohnung.

Baron von Crailsheim war übrigens ein bedauernswerter Mann. Wegen eines Kehlkopfleidens hatte er eine Kanüle im Hals, die ihm das Sprechen erschwerte. Er war früher Offizier bei den Ulanen gewesen und galt als Soldatenschinder. Er war samt seiner Frau extrem fromm und empfand sein Leiden als eine Strafe Gottes. Nachdem uns der Baron eines Tages einen Neujahrsbesuch in unserer Bauernwohnung gemacht hatte und selber sah, wie primitiv wir wohnten, überließ er uns endlich das Doktorshäusle. Es war in einem geradezu fürchterlichen Zustand. Wir konnten buchstäblich vom Keller in den Himmel sehen. Alles war verrottet und mußte neu instand gesetzt werden. Wir hatten keinen elektrischen Strom. Bei uns flackerte eine alte Petroleumlampe. Die Notdurft verrichteten wir auf einem simplen Plumpsklo. Das Wasser mußten wir gegenüber aus einer Zisterne im Schulhof holen. Aber wir hatten ein Haus, hatten ein Dach über dem Kopf und brauchten keine Miete zu zahlen. Und wir hatten ein tüchtiges Dienstmädel, das uns half. Es war übrigens die Nichte von Heinrich Zeuner, Elslein mit Namen. Im Doktorshäusle im Park wohnte ich elf Jahre. Das war meine schönste Zeit. Ich habe mein Leben lang eigentlich bedauert, daß ich später nach Kitzingen gebaut habe. Der Kontakt mit der Bevölkerung war einzigartig, auch mit den Rödelseern. Aber rein praktische Gründe zwangen mich eines Tages, wegzuziehen. Denn damals hatte noch kein Mensch ein Auto. Und wer fand schon den Weg zu mir hinaus nach Fröhstockheim?

Auch mein Bruder, der Flieger und Flugzeugpilot, besuchte mich des öfteren im Doktorshäusle in Fröhstockheim. Wenn er auf Besuch kam, mußte Heringssalat auf den Tisch, eine Spezialität meiner Mutter. Eines Abends saßen wir alle gemeinsam um den Tisch, über dem in der Mitte die alte Petroleumlampe flackerte. Mein Bruder, der sonst tüchtig einhaute, wenn sein Lieblingswunsch erfüllt wurde, aß diesmal recht zögernd und hörte dann ganz auf. »Sag mal, Linde«, fragte er dann meine Frau, »seit wann macht ihr denn den Heringssalat mit Petroleum an?« Aller Augen richtete sich auf das erschrockene Elslein, das beim Anrichten geholfen hatte. Aber bald fand sich des Rätsels Lösung. Die kleine Else hatte nämlich die Petroleumlampe zu voll gefüllt. Als sie dann brannte, tropfte das Zuviel an Petroleum langsam in den Heringssalat.

Student spannte »erste Liebe« aus – Gertrauds Geburt war an allem schuld – Wie ich ein Holzschneider wurde

Zum ersten Male verliebte ich mich richtig an der Kunstgewerbeschule in Nürnberg. Da ist allerdings nichts daraus geworden. Ein Student hat mir meine Flamme ausgespannt. Denn damals galten die Studenten mehr als heute. Meine spätere Frau Linde lernte ich erst in Kitzingen kennen. Ihr Vater war Forstmeister in Dorfprozelten. Dort war sie Lehrerin. Dann wurde sie nach Kitzingen an das Mädchenlyzeum versetzt. Sie war eng befreundet mit Gretel Munk, für die ich mein erstes Porträt machte. Da waren wir fast jeden Abend zusammen. Wir mochten uns und heirateten schließlich. Das war 1920. 1922 kam unsere erste Tochter Gertraud auf die Welt. Sie hätte sich keine ungünstigere Zeit aussuchen können. Ich war damals finanziell geradezu fürchterlich dran. Wenn wir nicht auf dem Lande gelebt und die guten Bauersleute uns geholfen hätten, wir hätten nicht gewußt, wovon wir uns in dieser harten Zeit hätten ernähren sollen. Aber das alles konnte unsere große Freude über unsere erste Tochter nicht schmälern.

Natürlich wollte ich das freudige Ereignis auch meinen Freunden mitteilen. Die Kosten für eine Zeitungsanzeige waren mir viel zu hoch. Da fiel mir ein, daß ich irgendwo noch ein Stück Lindenholz verwahrte. Ich wußte zwar noch nicht recht, wie man daraus einen Druckstock schneidet, aber ich konnte es mir sehr gut vorstellen. Von meiner Bubenzeit her hatte ich noch ein altes Schneidmesser. Und dann schnitt ich drauflos. Von einem der drei Brüder, denen damals die Kitzinger Zeitung gehörte, ließ ich mir ein bissel Druckfarbe schenken. Aus einem Leinenlappen machte ich einen Batzer und färbte damit den Druckstock ein. Auf Zeitungsmakulatur fertigte ich dann die ersten Drucke. Anfangs war ich auf mein Werk mächtig stolz. Aber nach ein paar Wochen habe ich mich dessen doch ein wenig geschämt. Dennoch

schickte ich eine solche Geburtsanzeige auch an meinen alten Lehrer Max Heilmeyer. Darauf hörte ich lange Zeit nichts. Erst ein Jahr danach oder noch später fuhr ich einmal nach Nürnberg und besuchte auch meinen einstigen Professor. Er war übrigens der einzige, der mich beeindruckte. Als ich sein Arbeitszimmer betrat, bemerkte ich sofort meinen ersten Holzschnitt. Er hatte ihn mit einem Reißnagel über seinem Schreibtisch angezweckt. Ich wäre fast in den Boden versunken und stammelte: »Herr Professor, ich schäme mich ja so.« Da schaute er erstaunt auf und meinte trocken: »Nun ja, ein Meisterwerk ist das gerade nicht. Aber irgendwie hat es einen besonderen Reiz. Das sollten Sie weitertreiben.«

Ich selber hätte nicht gewagt, diese Arbeiten weiterzumachen ohne die Ermunterung Heilmeyers. So aber kamen zwei Dinge zusammen, die für mein weiteres künstlerisches Schaffen geradezu entscheidend wurden. Einmal drückte mir die Freude über die Geburt unseres ersten Kindes das Schneidemesser in die Hand. Andererseits ermunterte mich der von mir hochgeschätzte Lehrer, meine »Handschrift« zu pflegen.

Kätchens Hochzeitskarte machte Furore – Das Kätterla und die Gerstenernte – Badetag ist nur vor der Kirchweih

Ich fuhr nicht wenig stolz nach Hause und erzählte von meinem Nürnberger Erlebnis auch Kätchen Scheuenstuhl, der Tochter des Brauereibesitzers. Die hatte sich gerade verlobt und wollte bald heiraten. Jedenfalls packte sie die Gelegenheit gleich beim Schopfe: »Ach, du, Riro, da machst du mir gleich eine Vermählungsanzeige.« Was blieb mir denn anderes übrig. Kätchen Scheuenstuhl erhielt ihre Hochzeitskarte. Die schickte sie in ganz Kitzingen herum, an die gesamte Hautevolee. Die kam dann mit ähnlichen Wünschen zu mir, und der Stein kam ins Rollen. Halb Kitzingen ließ sich bei mir Glückwunschanzeigen schneiden.

Was ich dann in den folgenden Jahrzehnten für befreundete, bekannte und auch fremde Auftraggeber aus allen Ecken Deutschlands an Geburts-, Verlobungs- und Hochzeitsanzeigen in Holz geschnitten habe, läßt sich leider nicht mehr zählen.

Auch in Kitzingen fielen im zweiten Weltkrieg Bomben, die viele der damaligen Holzstöcke mit meiner Handschrift vernichteten. Der Verlust eines jeden Stückes tut mir noch heute weh. Daß zu diesen Glückwunschanzeigen noch eine Fülle von Neujahrsholzschnitten kam, sei der Vollständigkeit halber erwähnt.

Wenn man in einem Dorf wie Fröhstockheim wohnt, kann es nicht ausbleiben, daß man auch Mitglied der örtlichen Vereine wird, beispielsweise des Kriegervereins. Und wer sich im dörflichen Vereinsleben auskennt, der weiß, daß hier die nettesten Geschichten passieren. Die Menschen sind echt und urtümlich, und keiner nimmt am Stammtisch ein Blatt vor den Mund. So erinnere ich mich beispielsweise noch an den Dorfschmied, der seinen Daumennagel als Schraubenzieher benutzte.

Dieser Schmied hatte eine Tochter: Schmieds Kätterla. Wie alle anderen Dorfkinder, war auch sie ein echtes Naturkind. Sie war so alt wie unsere Tochter Gertraud und war viel bei uns. Eines Tages erzählte uns das Kätterla, daß ihre Mutter schwerkrank sei. Tage später fragte meine Frau: »Nu, Kätterla, wie geht es denn deiner Mutter?« Darauf das Kätterla: »Niet gut, sie liegt halt im Krankenhaus. Selletwachen kummt die Gersten a ro!« (Deshalb wird die Gerste auch gemäht.)

Wir hatten lange Zeit im Doktorshäusle keine Wasserleitung. Da wurden die Kinder in der Küche gebadet, in einem großen Schaff. Als Gertraud eines Tages gerade in der Wanne saß, kam das Kätterla zur Tür hereinspaziert. Da sagte meine Frau: »Nu, Kätterla, heut ist Samstag, da wirst du doch sicherlich auch gebadet!« Das Kätterla blieb die Antwort nicht schuldig: »Mir, mir wern die Kerm geboden!« (Wir werden zur Kirchweih gebadet.)

Die Stimme aus dem Hintergrund – »Götz von Berlichingen« und der Generalfeldmarschall – Die verwechselten Ehebetten

Im Fröhstockheimer Kriegerverein gab es weder Chargen noch Ränge. Aber bisweilen wurde reichlich geschraubt und gestelzt dahergeredet. Der Rentenverwalter des Barons, der Carl, war früher einmal Berufsfeldwebel. Ich selber hatte es bis zum Offiziersstellvertreter gebracht. Daher waren wir beide im Verein sehr angesehen. Aber als der Vorsitzende einmal meinte, er müsse das auch in seiner Begrüßungsansprache besonders unterstreichen, stand Carl auf und entgegnete: »Meine lieben Kameraden! Unser lieber Vereinsvorstand hielt es für notwendig, uns besonders herzlich und namentlich zu begrüßen. Ich bitte den Herrn Vorstand, hinkünftig von derartigen Begrüßungen absehen zu wollen. Wir werden dem Kriegerverein auch so die Treue halten, bis uns der kühle Rasen deckt!« Da rief eine Stimme aus dem Hintergrund dazwischen: »Weil grad die Red davon ist, bei der letzten Beerdigung ham zwei der sechs Gewehre nicht funktioniert!«

Einmal hielten wir Hindenburg-Geburtstagsfeier. Alle waren in den Saalbau Lunz eingeladen. Oben am Tisch präsidierte der Vorstand. Rechts saß der zweite Vorsitzende, links davon ich. Wir haben getrunken und uns unterhalten. Aber sonst tat sich nichts. Da erinnerte ich den Vorstand leise daran: »Da muß doch einer endlich eine Festrede halten, die Bauern müssen doch bald heim zum Füttern.« Der Vorsitzende bedeutete mir zwar, daß er keine Zeit gehabt habe, eine Rede zu lernen. Ich klopfte dennoch ans Glas. Und er erhob sich schwerfällig und begann: »Meine lieben Anwesenden! Ich freue mich, daß Sie so zahlreich erschienen sind und heiße Sie herzlich willkommen. Wir sind zusammengekommen, um den Geburtstag unseres hochgeschätzten ... Liebe Anwesende, wir wollen heute ..., wir feiern heute den Geburtstag unseres geliebten und verehrten ... Ach, leckt mich doch am Arsch!« Damit setzte er sich wieder hin und flüsterte mir angesichts der reichlich perplexen Zuhörer ins Ohr: »Ja, meene Sie, mir wär das Wort Generalfeldmarschall eingefalle ...«

Von den Fröhstockheimer Bauernhäusern war eines gebaut wie das andere. Alle waren einander zum Verwechseln ähnlich. Gleich rechter Hand nach dem Eingang befand sich meist das Wohnzimmer, das gleichzeitig auch Schlafzimmer war. Die Betten waren durch einen Vorhang abgetrennt. Der Kriegervereinsvorsitzende wohnte im letzten Haus links am Ortsende, in Richtung Rödelsee. Ebenfalls im letzten Haus links, aber nicht in Fröhstockheim, sondern in Rödelsee, wohnte der Fleischbeschauer, ein Rödelseer Original, der Hesse-Fritz. Der letztere hatte beim Lunz in der Wirtschaft reichlich viel über den Durst getrunken und war dann mit schweren Füßen heimwärts geschwankt. Den gleichen Weg torkelte Stunden später nach einer Kriegervereinsversammlung auch dessen erster Vorsitzender nach Hause. Dort angekommen, sah er, ein wenig verschwommen, bereits seinen warmen Bettplatz unweit seiner Frau belegt. Also drehte er ab und legte sich aufs Sofa im Wohnzimmer. In dieser Nacht schnarchten Fleischbeschauer und Kriegervereinsvorsitzender gemeinsam um die Wette.

Es gab dieserhalb keinen Aufstand am nächsten Morgen. Nur überraschte und erstaunte, aber auch ein wenig betretene Gesichter. Und des Rätsels Lösung: Der Fleischbeschauer war so stockvoll gewesen, daß er Richtung und Haustür verwechselt hatte. Und die Frau des Vorsitzenden, die ihren Mann sicherlich in ähnlichem Zustand des öfteren erlebt hatte, war mit einem so tiefen Schlaf gesegnet, daß sie in der Nacht gar nicht mitbekam, wer diesmal neben ihr schnarchte.

»Der liebe Heiland« der Baronin – Eva mit den fränkischen Klößen – Hirt von 200 Schafen – Am Weinkeller führt kein Weg vorbei

Die Barons in Fröhstockheim, deren Doktorshäusle wir bewohnten, waren evangelisch. Und zudem sehr fromm. Die Frau Baronin hatte vor allem meine Mutter sehr ins Herz geschlossen. Jeden Vormittag um 11 Uhr kam sie durchs Hintertürle im Garten. Sie war immer ein wenig neugierig, aber sonst sehr liebenswürdig und nett. Jedesmal brachte sie meiner Mutter etwas mit, einmal den ersten Blumenkohl, ein andermal ein anderes Gemüse oder Obst.

Jedes dritte Wort der Frau Baronin war »Der liebe Heiland«. Sie gebrauchte es bei jedweder Gelegenheit. Einmal erzählte sie uns vom Schlachttag im Schloß. Ausgerechnet an diesem Tage war die Wasserpumpe eingefroren. Sie war mit Lehm verschmiert worden, damit sie dichthielt. Trotzdem kam kein Tropfen Wasser. Erst versuchte die körperlich hauchzarte Hausdame ihr Glück. Es kam kein Tropfen Wasser... »Aber dann«, so fuhr die schwergewichtige Baronin in ihrer Erzählung fort, »ging ich an die Pumpe. Und ich habe gepumpt und gebetet und gepumpt und gebetet... Und siehe da, der liebe Heiland schenkte uns Wasser.«

Des öfteren kam der Dorfschreiner aufs Schloß, um kleine Reparaturen zu erledigen. Seine Rechnungen sahen dann etwa so aus: Dem Herrn Baron einen Tritt vor die Tür = XX Mark. Eines Tages reparierte er uns einen Klavierstuhl mit drei Füßen, an dem ich mich bereits vergeblich versucht hatte. Auf der Rechnung stand dann zu lesen: »Einen selbst ganz vernagelten Klavierstuhl gerichtet.«

Ein Original war auch der dem Schreiner benachbarte Schneider, der gleichzeitig Gemeindediener war. Er zog mit der Ortsschelle durch das Dorf und rief die Bekanntgaben aus. Wer abseits wohnte, wurde von ihm höchstpersönlich aufgesucht. Der Gemeindediener legte dann etwas umständlich seine Bekannt-

machungen auf den Tisch, dazu seine Brille, ein Tintenglas und einen Federhalter. Er kannte die Vergeßlichkeit seiner Bauern und schleppte daher aus gutem Grund alles mit herum, was er für eine Unterschrift und das »Kenntnis genommen« benötigte.
Eines Tages besuchte mich der Gemeindediener auch einmal in meiner Werkstatt. Ich modellierte gerade eine Figur »Eva mit dem Apfel«. Der Gemeindediener setzte sich umständlich die Brille auf, beäugte eingehend die Gestalt und setzte dann nach längerem Zögern an: »Jetzt muß i amal dumm fröch: Mecht die Klöß?«
Als ich längst von Fröhstockheim nach Kitzingen gezogen war, während des zweiten Weltkrieges, erlebte ich noch einmal eine schöne Zeit in diesem Ort. Ich fand damals als Knecht auf dem Fröhstockheimer Gutshof Unterschlupf. Dort war ich ein dreiviertel Jahr lang Schäfer, Hirt von 205 Schafen. Es war eine wunderschöne Zeit, ganz allein zu sein mit den Tieren in Gottes freier Natur. Ich erhielt zwei Schäferhunde, die bald zu meinen treuen Begleitern wurden. Sie waren zwar durch die Schulbuben, die manchmal in Kriegszeiten den Schäfer ersetzen mußten, ein wenig verdorben worden und hatten Angst. Aber ich hatte sie schnell beruhigt, teilte mein Mittagessen mit ihnen, und bald waren wir gute Freunde.
Wegen der Amerikaner trieb ich die Herde meist schon in aller Frühe in den Fröhstockheimer Wald. Dorthin wurde auch das Essen gebracht. Aber manchmal wurde diese Idylle jäh zerstört. Eines Tages beispielsweise fuhr ein Jeep direkt in die Herde. Viele Schafe waren sofort tot. Zahlreiche schwerverletzte Tiere mußten notgeschlachtet werden. Das war ein-

fach furchtbar. Ich konnte die Schafe nicht immer im Wald verstecken. Die Waldkost bekam ihnen nicht gut. Sie hatten sämtlich Durchfall, und die Felle hingen hinten voller Klunkern. Das war für mich auch deshalb nicht angenehm, weil die Schafe vor der Schur gewaschen werden mußten. Zu dieser Prozedur stauten wir den Rödelbach, und ich mußte hinein und die Vliese waschen.

Abends trieb ich die Schafe heim in den Stall, denn es gab keinen Pferch. Immer darauf bedacht, den Amerikanern auszuweichen, denn die waren die erste Zeit unberechenbar. Abends war ich rechtschaffen müde. Aber wiederum nicht so erschlagen, daß ich mich gleich auf den Nachhauseweg gemacht hätte. Gegenüber dem Schafstall befand sich nämlich die Poststelle. Der Posthalter hatte einen Wengert und erntete auch einen guten Tropfen. Nicht selten hockte ich nach Feierabend in seinem Weinkeller.

Der Gesangverein in der guten Stube – Auch die Männer wollten mitsingen – Als wir Nikolaus Fey zu Grabe trugen

Auch als wir längst wieder in Kitzingen wohnten, hielten wir immer noch enge Verbindung mit Fröhstockheim. Meine Frau war Lehrerin, mußte aber damals bei unserer Verheiratung ihren Beruf aufgeben. Ohne Schule fühlte sie sich unglücklich. In Fröhstockheim aber amtierte ein Lehrer, der völlig unmusikalisch war. Das wirkte sich im Laufe der Zeit auf den ganzen Ort aus. Niemand sang mehr ein Lied. Hier sah meine Frau während unserer Fröhstockheimer Zeit eine Aufgabe. Sie lud junge sangesfrohe Mädel zu uns ins Haus. Wir besaßen einen kleinen Flügel, und damit wurde Singen geübt. Wir ließen sogar durch die Ortsschelle bekanntmachen, daß jeder, der Lust zum Singen verspürt, willkommen sei.

Die sogenannte gute Stube wurde ausgeräumt, ihr Fußboden mit Packpapier und alten Säcken ausgelegt. Dann fingen wir an. Die jungen Mädchen und Frauen kamen zahlreich, aber niemand von ihnen konnte einen auf dem Klavier angeschlagenen Ton nachsingen. Das reizte meine Frau um so mehr. Bald sollte auch die erste Bewährungsprobe für den jungen Chor kommen. Der allseits geschätzte Oberlehrer März war gestorben, und der Chor sollte zu seiner Beerdigung singen. Zur Stunde, als er beerdigt wurde, prasselte ein Gewitterregen auf die aufgespannten Regenschirme der stattlichen Trauergesellschaft. Es wurde dennoch, wenn auch unter Schirmdächern, gesungen.

Ich werde diese Augenblicke am Grab nie vergessen, so eindrucksvoll waren sie. Am nächsten Tag kam der Bürgermeister mit dem Wunsch zu uns, die Männer möchten auch singen. Seine Bitte wurde erfüllt, und aus dem Mädchenchor wurde ein gemischter Chor, wenigstens solange meine Frau ihn leitete. Leider trennten sich unter dem neuen Lehrer die beiden Geschlechter wieder, und es entstand ein reiner Männerchor.

Der Gewitterregen bei der Lehrerbeerdigung erinnert mich an jenen Tag, als wir unseren geliebten Nikl Fey in Lohr zu Grabe trugen. Unterwegs pflückten wir einen schönen Feldblumenstrauß, um ihn auf unseres Freundes Sarg zu legen. Auch wollten wir

»Flößer« ihm die letzte Ehre erweisen und ihn zum Grab tragen. Aber wir hatten das Gewicht des schweren Eichensargs völlig unterschätzt. Als wir ihn acht bis zehn Meter getragen hatten, merkten die berufsmäßigen Sargträger, daß »die Herren doch nicht recht geübt sind in derlei Arbeit«, und sie lösten uns barmherzig ab. Das war gut so, denn bald begann ein so heftiger Gewitterregen, daß das Wasser von den Regenschirmen troff und dem jeweiligen Vordermann in den Nacken lief. Die ganze Trauergesellschaft wurde bis auf die Haut durchnäßt. Aber keiner ging deshalb vorzeitig vom Grab weg. Auf dem Heimweg machten wir in Zellingen Station und zogen in einer Wirtschaft unsere nassen Klamotten aus. Wir trugen fast sämtlich einheitlich blau, schwarz und braun gefärbte Uniformstücke aus dem letzten Krieg, was zur Folge hatte, daß unsere Hemden entsprechend gefärbt waren. Hätte unser Nikl diese Szene miterlebt, er hätte sicherlich darüber eine seiner köstlichen Geschichten geschrieben.

Hausbau auf lauter Wechseln – Der Menschenfreund Meyer aus Kitzingen – Mut vor Ministerthronen – Der Posten staunte nicht schlecht

Zu Hause, im Hofe meiner Werkstatt, ist heute noch ein Stein eingemauert mit der Jahreszahl 1924. Er ist bezeichnend für meine wirtschaftliche Situation in jener Zeit. Dort steht nämlich einer, der seine leeren Taschen nach außen kehrt, um dadurch anzuzeigen, daß er keinen Heller sein eigen nennt. Meine letzten Groschen hatte der vordringliche Bau einer Werkstatt aufgefressen. Ein eigenes Wohnhaus hätte ich mir niemals bauen können. Aber ich hatte einen guten Freund und Förderer in Kitzingen, den Bankier Meyer, Chef der Privatbank Joh. Mich. Meyer. Der sagte mir in den Inflationsjahren vor 1930: »Wenn Sie jetzt nicht bauen, können Sie nie mehr bauen!« Und als zögernd vom fehlenden Geld die Rede war, meinte er nur: »Das lassen Sie meine Sorge sein.« Soviel Optimismus steckte an. Die Baupläne machte ich selber und baute am Galgenwasen ein Haus auf Wechseln. Wenn einer nicht verlängert wurde, spazierte ich hin zu meinem Bankier und Freund Johann Michael Meyer. Und er beschaffte oder gab mir einen Auftrag, schrieb mir den Rechnungsbetrag gut und löste den Wechsel ein.

Der Bankier Meyer war ein Menschenfreund, wie ich keinem zweiten mehr begegnete. Er half nicht nur mir, sondern auch anderen Leuten, vor allem Kriegsbeschädigten. Seine guten Taten blieben weithin unbekannt. Um so mehr schmerzte es mich, daß er von den Nazis geradezu kaputtgemacht wurde. Dabei

war er kein Jude. Er wurde in Westheim geboren, und sein Stammbaum läßt sich fast lückenlos bis ins Jahr 1344 nachweisen. Und doch wurde dieser Mann im »Stürmer«, dem schamlosen Hetzblatt von damals, als Volljude angeprangert. Ein SA-Sturmbannführer war der Verfasser dieser Verleumdungen. Dabei wurden die Bauern öffentlich aufgefordert, die Beziehungen zu diesem privaten Bankhaus und seinen 21 Filialen abzubrechen. Der Konkurs des Unternehmens war die unausbleibliche Folge. Der Bankier und

Menschenfreund Meyer aber kam über diesen Schlag nicht hinweg und starb vier Wochen später. Ich durfte ihm noch einen letzten Liebesdienst erweisen und sein Grabmal ausführen.

Noch zu Lebzeiten des Bankiers Meyer sann ich darüber nach, wie ich ihn vor den Verleumdungen der lokalen Nazi-Clique schützen könnte, zumal es sich hier meines Erachtens um gemeine Racheakte handelte. Da fiel mir ein, daß meine Schwester Else mit einer Else Janke eng befreundet war, die aus Rheydt stammte und ein Nachbarskind von Joseph Goebbels war. Die beiden Mädchen arbeiteten in Berlin und hatten dort auch eine gemeinsame Wohnung. In der Zeit vor der Machtübernahme kam Goebbels – die Mädchen nannten ihn nur Jupp – des öfteren zu einer Tasse Kaffee auf Besuch. Diese Bekanntschaft mit einem maßgeblichen Parteimann gedachte ich zugunsten meines Freundes Meyer zu nutzen, sicherlich auch beflügelt von der naiven Vorstellung, die »oben« wüßten nicht, wie sich die kleinen Hitler »unten« aufspielten.

Versehen mit einer Mappe Material und einer Freiflugkarte meines Fliegerbruders flog ich also nach Berlin. Zusammen mit den beiden Mädels spazierte ich zum Propagandaministerium, in dem einfältigen Glauben, dort vorgelassen zu werden. Jedoch der Wachtposten ließ uns nicht ein und meinte, wir sollten eine schriftliche Eingabe machen. Aber die beiden Mädels, die sich in Berlin besser auskannten als ich, gaben nicht auf. Sie postierten sich mit mir an den Straßenrand an der Ecke der Leipziger Straße, wo Goebbels meist vorbeifuhr. Als er gegen 9 Uhr wirklich kam, sprang Else Janke auf die Straße und winkte. Der Wagen hielt, und Goebbels winkte und bedeutete uns, wir möchten direkt zur Wache gehen, er würde dort auf uns warten. Der Wachtposten staunte nicht schlecht, als Goebbels uns dann alle drei mit in sein Büro nahm. Dort brachten wir unser Anliegen vor. Der Minister rief seinen Staatssekretär Hanke dazu, der sich Notizen machte, als ich die Geschichte des Bankiers Meyer erzählte.

»Sie waren bei Goebbels, Sie Schweinehund!« – Flucht nach Zürich abgelehnt – Bruchlandung auf dem Nürnberger Flugplatz

Nach dem Abstecher ins Propagandaministerium kehrte ich nicht sofort nach Hause zurück, sondern nützte die Gelegenheit zu einem Abstecher nach Münster. Goebbels hatte inzwischen in Kitzingen recherchieren lassen, sicherlich ohne eine Ahnung davon zu haben, daß die dortigen Parteispitzen miteinander verfilzt waren. Als ich wieder nach Hause kam, fand ich den Bescheid, ich möchte sofort zur Kreisleitung in den »Fränkischen Hof« kommen. Ich machte mich auf den Weg, ohne allerdings von den bereits angelaufenen Untersuchungen des Propagandaministeriums in Kitzingen zu wissen. Mein Empfang in der Kreisleitung brachte daher einige Überraschungen. Kaum hatte der Kreisleiter seine Jacke ausgezogen und die Ärmel hochgekrempelt, begann seine Kanonade: »Sie waren bei Goebbels, Sie Schweinehund! Ich werde dafür sorgen, daß Sie ins KZ kommen!« Das war nicht alles. Er schäumte und schäumte und fand kein Ende. Meine Ruhe schien ihn noch mehr in Harnisch zu bringen. Als es dann den Anschein hatte, daß die Sache für mich brenzlig wurde, legte ich den »Herrn Kreisleiter« mit einem plötzlichen Einfall aufs Kreuz: »Beruhigen Sie sich«, unterbrach ich seinen Monolog, »wenn ich bis um 11 Uhr nicht zu Hause bin, dann weiß Goebbels bis 11.30 Uhr Bescheid!« Der Kreisleiter schaute mich dumm an, rief seinen Adjutanten, flüsterte mit ihm und sagte schließlich barsch: »Sie können gehen!«

Es ist danach nichts mehr erfolgt, aber meine Familie hat das alles reichlich durcheinander gebracht. Ich war von Berlin über Münster und zurück nach Kitzingen etwa drei Tage unterwegs gewesen. Ich ahnte damals noch nicht, daß man bereits mein Telefon überwachte und die Briefpost kontrollierte. Erst allmählich kam ich dahinter. Das ging noch Monate nach dem Vorfall mit dem Kreisleiter so

weiter. In dieser Zeit rief mich unerwartet mein Bruder Harry an: »Komme sofort auf den Flugplatz, Richard. Auf einem Flug nach Zürich bin ich hier in Kitzingen nur kurz notgelandet!« Ich setzte mich aufs Fahrrad und fand auf dem Flugplatz meinen Bruder in heller Aufregung: »Los, komm sofort rein in die Maschine. Du sollst ins KZ kommen. Ich bringe dich direkt nach Zürich. Dort sorge ich dann für alles Weitere.« Wie ich die Courage aufbrachte, damals nein zu sagen, weiß ich heute nicht mehr. Ich lehnte jedenfalls das brüderliche Anerbieten ab, stieg wieder auf mein Rad und fuhr nach Hause. Gott sei Dank erfolgten dann keine weiteren Schritte mehr. Meinem Freund Meyer hat das leider alles nichts mehr genützt.

Die Angst vor dem Fliegen war es damals nicht, daß ich das Anerbieten meines Bruders ausschlug. Ich war dank verschiedener Freiflugkarten über meinen Bruder durchaus mit dem Fliegen vertraut. Einmal machte ich sogar eine Bruchlandung mit. Es war zur Zeit des Münchener Oktoberfestes, und ich machte gerade eine Arbeit für die Lufthansa in Reichenhall. Ich flog damals mit meiner Tochter Gertraud als einziger Passagier in einer Junkers-Maschine. In Regensburg machten wir eine Zwischenlandung. Kurz nach dem Start kam uns bei Weißenburg ein Sportflieger entgegen, der uns unverständlich warnte. In Nürnberg hatten sie bereits auf dem grünen Gras mit weißen Bändern eine Schrift ausgelegt mit der Aufforderung: »Auf linkem Rad aufsetzen!« Das erschien selbst mir als einem Nichtfachmann nicht einfach, mit einem Tiefdecker so riskant aufzusetzen. Aber dann ging alles furchtbar schnell. Ich schnallte mich an, nahm Gertraud ganz fest in den Arm. Und dann probierte der Pilot eine Bruchlandung. Er streifte beim ersten Anflug leicht den Boden und riß dadurch eine herunterhängende Hälfte des Fahrgestells weg. Beim zweiten Anflug mußte die andere Hälfte daran glauben. Dann setzte er zu einer Bauchlandung an oder wie immer man das im Fachjargon der Flieger nennt. Wir flogen dicht über den Boden hin. Der hintere Sporn setzte zuerst auf, ehe wir unsanft die Piste entlangrutschten. Die Tragflächen knallten zu Boden, abgebrochen durch das Aufsetzen. Die damals vierjährige Gertraud rutschte mir aus den Armen und wurde Gott sei Dank nur leicht am Kopf verletzt. Der Pilot wurde durch das Vorderfenster geschleudert und kam mit leichten Verletzungen davon. Außer dem Schrecken, der mir noch lange in den Gliedern saß, erlitt ich keinen Schaden. Das war im Jahre 1926.

Die »Schlacht« von Sickershausen – Ein sonderbarer Auftrag – Ein Denkmal, das das Tausendjährige Reich nicht überlebte

Etwa ein halbes Jahr lang, darauf deuteten viele Anzeichen hin, bin ich seitens der Nazi-Kreisleitung überwacht worden. Da kreuzte eines Tages ein Uniformierter von der Kreisleitung auf mit einem Auftrag des Kreisleiters, einen Entwurf für ein Daniel-Sauer-Denkmal zu machen. Sauer war ein Viehtreiber. Das ist zweifellos eine ebenso nützliche Tätigkeit wie jede andere auch. Aber Sauer war darüber hinaus ein richtiger Filou.

Das Ganze hat eine längere Vorgeschichte. Alljährlich am 1. Mai feierten die »Roten«, wie wir damals auf dem Lande sagten, auf dem Sickershäuser Keller. Soweit ich mich erinnere, handelte es sich fast ausschließlich um Kommunisten. Sie provozierten die Sickershäuser, krakeelten und schmissen sogar den Bürgermeister in einen Tümpel. Da reichte es den Sickershäusern, und irgendeiner alarmierte die »Reichsflagge«. Das war ein vaterländischer Wehrverband aus der Zeit vor 1933. Er rückte von Kitzingen her an und marschierte in Sickershausen ein. Die »Roten« hatten sich inzwischen in Richtung Hohenfeld zurückgezogen und erwarteten zweifellos von dort her Verstärkung. Die Männer der »Reichsflagge« schwärmten aus, und der unbewaffnete, neugierige Daniel Sauer lief hinterher. Plötzlich wurde von Hohenfeld her geschossen. Die »Reichsflagge« erwiderte das Feuer. Und weiß der Teufel, wie es zugegangen ist: Der unbeteiligte Daniel Sauer wurde

schwer verwundet. Die »Reichsflagge« hielt einen Güterzug an. Daniel Sauer wurde zugeladen. Aber er starb auf dem Weg vom Bahnhof ins Krankenhaus. Von den Nazis wurde er zum »ersten Gefallenen der Bewegung« hochgejubelt. Ihm sollte nun in Sickershausen, an der Stelle, wo er getroffen worden war, ein Denkmal gesetzt werden. Und ausgerechnet auf mich verfiel der Gauleiter mit seinem Auftrag. Ich nahm anfänglich an, daß nunmehr der Vorfall mit Goebbels erledigt war. Andererseits aber konnte das Ganze auch eine gemeine Falle sein. Aber was sollte ich tun? Konnte ich es riskieren, mich erneut mit den Nazis anzulegen und den Auftrag abzulehnen?

Ich machte mich also zaghaft an die Arbeit und entwarf ein Marterl, wie man es allenthalben Verunglückten setzt. Aber da war ich bei dem Gauleiter erst recht in den Fettnapf getreten. Als ich es ihm nämlich zeigte, bedeutete er mir: »Mensch, doch kein Marterl. Der erste Gefallene der Bewegung in unserer Gegend, das muß ein Denkmal werden!« Ich machte also einen neuen Entwurf mit einer Schale, einem kupfergetriebenen Kranz und einer Reihe unverständlicher Freimaurersymbole. In Sickershausen war dann eines Tages große Einweihung mit Gauleiter und Kreisleiter und zahlreichen anderen Nazigrößen. Ich hatte mich geweigert, eine Rechnung zu stellen, denn von den Nazis wollte ich keinen Pfennig. Aber anläßlich der Einweihung lag auf meinem Platz, wie bei einem Richtfest auch, ein verknotetes rotes Taschentuch. Das wäre mein Lohn, wurde mir bedeutet. Zu Hause fand ich darin einige tausend Mark. Meine Frau trug das Geld sofort zum Winterhilfswerk. Die dafür erhaltene Spendenquittung kopierten wir und schickten sie zur Kreisleitung. Das Denkmal aber lebte solange wie das »Tausendjährige Reich«. 1945 demontierten es die Sickershäuser Bauern.

Bei Lotta nicht vergeblich geklopft – Familien=
zusammenführung à la 1945 – Der mißbrauchte
Gutsverwalter

Im zweiten Weltkrieg blieb es leider nicht aus, daß man mich zum Volkssturm nach Gerolzhofen einberief. Mein Aufenthalt dort war nicht von langer Dauer, denn die Kriegsspielerei mit alten Männern erschien mir reichlich unsinnig und nutzlos. Daher bin ich eines Tages »desertiert«. Zuerst führte mich mein Weg nach Neuses am Sand. Obwohl ich dem damaligen Gutsbesitzer meine Situation mehr als deutlich schilderte und um eine Unterkunft bat, wies er mir die Tür. Zu Fuß stapfte ich dann weiter bis Wiesenbronn. Dort wohnte eine Fröhstockheimerin, die Lotta. Bei ihr klopfte ich nicht vergeblich. Schnell suchte sie einige Kleidungsstücke von ihrem gefallenen Mann hervor und warf meine Uniform in die Jauchegrube. Am nächsten Tag ging es dann gleich zur Arbeit in den Wengert.

Frau Lotta hatte zwei Kühe, aber es mangelte an Futter. So fuhr ich denn mit beiden Kühen los nach Fröhstockheim, um bei Lottas Schwager Futter zu holen. Aus Angst, entdeckt zu werden, und nicht zuletzt auch wegen der bereits bis in unsere Gegend vorgerückten Amerikaner, fuhr ich nur über ausgefahrene Feldwege und querfeldein. Auf dem Rückweg kippte ich mit der ganzen Fuhre um und stand der Bescherung ein wenig hilflos gegenüber. Gott sei Dank kam der Gutspächter von Fröhstockheim des Wegs, der meinem Gefährt wieder mit auf die Räder half. Dabei entspann sich zwischen uns folgendes

Gespräch: »Ach, Herr Rother, ich brauch' so dringend einen Verwalter auf meinem Hof, können Sie nicht zu mir kommen? Ich werd' selber mit der Frau Lotta reden.« »Und was ist mit meiner Frau in Kitzingen?« wandte ich ein. »Die holen wir auch, die kann Säcke nähen und Flickarbeiten machen. Es wäre doch wunderbar, wenn die auch noch käme.«

Ich war nicht abgeneigt. Daß meine Frau gleichzeitig mit unterkam, freute mich besonders. Die Familienzusammenführung 1945 klappte auch ganz gut. Der Gutspächter hatte zwar von einem »Verwalter« gesprochen. Aber davon schien er andere Vorstellungen zu haben als ich. Denn ich mußte wie jeder Knecht arbeiten. Wir beklagten uns dennoch nicht, denn die Verpflegung war hervorragend. Wir hatten Hühner. Es gab Butter. Und aus Zuckerrüben wurde Sirup gekocht. Alles war da und erfreute uns nach einer so entbehrungsreichen Zeit. »Wer nicht ißt, der kann nicht schaff'!« lautete auf dem Hof die Parole. Wir haben nicht nur gegessen, wir haben auch hart gearbeitet. Selbst zum Getreidemähen mit der Sense, einer für mich ungeübten Arbeit, wurden wir eingeteilt.

Unsere Wohnung in Kitzingen war in dieser Zeit übrigens auch belegt. Während meines Kriegseinsatzes am Westwall hatte ich als Hundertschaftsführer einen Bergwerksdirektor aus dem Saargebiet kennengelernt. Manchmal lud er mich abends zu sich ein, damit ich in seinem Bad wenigstens gelegentlich den Westwalldreck abwaschen konnte. Ich lernte dort auch seine Oma, die Frau und zwei Kinder kennen. In einem unserer Gespräche empfahl ich ihnen, doch nach Kitzingen zu kommen, wenn die Franzosen eines Tages bei ihnen einziehen sollten. Eines Tages,

während wir auf dem Gutshof in Wiesenbronn arbeiteten, kamen sie unverhofft in Kitzingen an und fanden in unserer Wohnung Unterkunft.

Nach dem zweiten Weltkrieg war auch unsere Familie in alle Winde zerstreut. Gertraud war beim Arbeitsdienst. Jörg besuchte eine Internatsschule. Klaus war zum Kommiß eingezogen worden. Als wir dann eines Tages in Fröhstockheim beim Mittagessen saßen, kam plötzlich Gertraud herein. Ihre erste Frage nach herzlicher Begrüßung: »Ist denn Klaus schon da?« Aber Klaus hatte sich im Gefolge der zurückziehenden Truppen bis nach Tegernsee durchgeschlagen, wo die Frau meines Bruders wohnte. Da er verwundet worden war, mußte er noch eine Zeitlang ins Lazarett nach Wiessee. Aber dann kamen eines Tages doch alle glücklich wieder zu Hause an. Für uns wurde es höchste Zeit, daß wir wieder in unser Haus nach Kitzingen zogen. Anfänglich teilten wir es noch mit den dort wohnenden Gästen aus dem Saarland, die aber bald wieder dorthin zurückkehrten.

Die Zeuner=Familie – Heinrich war mein bester Freund – Die Pute mit dem geschienten Bein – Wecken mit dem alten Polyphon

Untermerzbach, Wiesenbronn und schließlich Obereisenheim waren die Stationen der Zeuner-Familie, aus der mein bester Freund stammte: Heinrich Zeuner. Er war eines von 19 Kindern, welche die Zeuner-Mutter ihrem Mann August geboren hatte. Einer solchen Frau wie der Mutter der Zeuners bin ich in meinem ganzen Leben nie mehr begegnet. Sie stammte aus dem evangelischen Pfarrhaus in Untermerzbach und heiratete im Juli 1883 den Dorfschulmeister August Zeuner aus Eschenau im Steigerwald. Zwar war das Haus Zeuner in Wiesenbronn als sagenhaft kinderreiches weit und breit bekannt. Aber weniger bekannt war die Einmaligkeit der Zeuner-Mutter, der ihr Sohn Wilhelm Zeuner im Jahre 1963 ein umfangreiches Lebensbild widmete, das mit dieser bewundernswerten Frau bekannt macht. Mit dieser Frau konnte man über alles reden.

Bei der Vielzahl der Kinder hatte Mutter Zeuner ein Dienstmädchen. Selbstverständlich waren bei einer derart großen Familie die Brötchen genau abge-

zählt. Eines Tages fehlte ein Brötle, und Mutter fand es im Bett des Dienstmädchens. Am nächsten Tag nahm sie ein Brötchen, belegte es und legte es im Bett an die gleiche Stelle. Da merkte das Mädchen: Ihr kleiner Mundraub war entdeckt. Es fiel kein Wort mehr darüber. Aber es fehlte auch nie mehr ein Brötchen. Eines aber beweist diese kleine Geschichte: daß Mutter Zeuner mit ihren 19 Kindern auch eine ausgezeichnete Pädagogin war.

Von den Zeuner-Kindern wußte ich, daß nicht jedes von ihnen ein Paar Schuhe sein eigen nannte. Da

mußte dann oft bei schlechtem Wetter die Hälfte zu Hause bleiben. Die Zeuners wohnten im Schulhaus, und die Kinder schliefen auf dem Dachboden in Kisten mit Stroh und Heu. Aber alle waren gut erzogen und hochbegabt. Sie hatten Humor und waren fast ausnahmslos musikalisch. Heinrich und Gustav ergriffen den Lehrerberuf. Heinrich ist allseits noch in guter Erinnerung als der Wochenendplauderer des »Generalanzeigers« unter dem Pseudonym »Eckart vom Stein«. Zusammen mit seinen beiden Brüdern, dem Irtenberger Forstverwalter August Wilhelm, dessen Wildererbuch »Schani« ich mit Holzschnitten versah, und Ernst August, dem langjährigen Lehrer im Schwarzwald und Dichter des »Ehlenbogener Krippenspiels«, gehörte auch er der »Hetzfelder Flößerzunft« an. Heinrich war nach längerer Tätigkeit in Würzburg zuletzt Stadtschulrat in Schweinfurt. Er war ein Pilzkenner und Naturfreund und schrieb viel über Franken und seine Weinnester. In Würzburg wurde sogar eine Straße nach ihm benannt.

Heinrich Zeuner war der beste Freund unserer Familie. Er kam oft zu uns und war immer auf der Suche nach Stoff für sein journalistisches Wochenragout. Einmal kam er kurz vor dem 1. Advent und wußte noch nicht recht, was er über den Advent schreiben sollte. Da fragte er meinen Sohn Klaus: »Weißt du denn überhaupt, was Advent ist?« Da platzte der Bub ohne lange zu zögern heraus: »Vorsicht! Nikolaus!« Und Heinrich Zeuner hatte seinen Aufhänger.

Meine Bekanntschaft mit den Zeuners kam so zustande: Als wir eines Tages auf dem Schwanberg Pilze suchten, führte uns unser Weg auch an einem Gutshof vorbei. Aus dem großen Tor kam eine Frau herausgelaufen und sprach uns an: »Können Sie mir nicht helfen? Meine Pute hat ein Bein gebrochen!« Da verfiel ich auf die Idee, ein Hölzle zu schneiden und das Putenbein unter Zuhilfenahme eines Leinwandstreifens zu schienen. Gedacht, getan. Wir setz-

ten das Tier in ein Körbchen mit Heu und sind dann unter viel Dankesworten weitergegangen. Vierzehn Tage später wollte es der Zufall, daß wir wieder an diesem Gutshof vorbeikamen. Die Frau von damals stand am Tor, und wir fragten sie nach der Pute. »Da, sehen Sie, dort draußen läuft sie! Aber wer sind Sie denn eigentlich?« Ich stellte mich als Richard Rother vor, worauf die Frau entgegnete: »Ich hab schon viel von Sie gehört.« Dann kam Fritz Zeuner, und es stellte sich heraus, daß er der Verwalter des Gutshofes war. Damit war der Kontakt zur ganzen Familie Zeuner perfekt.

Zu den Freunden unseres Hauses gehörte auch der 1881 in Neu-Schleichach in Unterfranken geborene Komponist Armin Knab. Er war besonders mit meiner musikliebenden Frau befreundet und blieb oft über Samstag/Sonntag bei uns. Wenn er sonntags um 9 Uhr aufstand, wollte er partout mit dem »Polyphon« geweckt werden. Das war ein alter Musikapparat, der im Dachgeschoß stand. Anstatt der heutigen Schallplatten wurden Metallplatten mit kleinen Zähnen aufgelegt. Zwanzig Stück hatten wir noch von dieser Sorte mit Märschen, Liedern und dergleichen mehr. Meine Mutter hatte das Gerät einmal von dem alten Bauernhof bei Limburg mitgebracht. Wenn Armin Knab da war, verging kein Sonntag, ohne daß dieser Musikapparat lief. Er hatte daran einen Riesenspaß.

In der Kunst- und Handwerkerschule waren wir eine große Familie – Die mißbrauchten »Rother« – Auf einen guten Schoppen nicht verzichtet

Gern erinnere ich mich der Zeit, als wir nach 1945 aus dem Nichts heraus wieder mit der Arbeit in der Kunst- und Handwerkerschule in Würzburg begannen. Es geschah gegen mancherlei Widerstand. Wir hatten keine Tonkiste und keinen Drehbock. Da fand ich einen Schreiner in Kitzingen. Dem zeichnete ich auf, wie Drehböcke aussehen sollen. Viele junge Menschen wollten bei uns arbeiten. Vor allem das persönliche Verhältnis der Lehrkräfte untereinander war geradezu ideal. Wir waren damals ein Herz und eine Seele, Heiner Dikreiter, Willi Greiner, Georg Merkel, Fritz Mertens und ich. Wir waren eine fest zusammengefügte Arbeitsgemeinschaft, gleichzeitig aber alle verbunden durch eine unverbrüchliche Freundschaft. Die war echt gewachsen durch unsere gemeinsame Zugehörigkeit zur »Hetzfelder Flößerzunft«. So wirkte sich die in der Zunft gepflegte Kameradschaft, ja Bruderschaft, über die Zunft hinaus in Leben und Schule aus.

Auch unser Verhältnis zu den Schülern war ideal. Noch heute erhalte ich Lebenszeichen und Grüße von vielen, die einmal die Bildhauerklasse besuchten. Und auch meinen noch lebenden damaligen Kollegen geht es nicht anders. Wir waren alle wie eine große Familie. Erst mit 72 Jahren trat ich in den sogenannten Ruhestand. Solange ich an der Schule wirkte, war ich »städtischer Hilfsangestellter«. Heute nehmen unsere Stellen Dozenten ein.

In guter Erinnerung ist mir noch, wie einmal eine blinde Frau zu uns in die Würzburger Kunst- und Handwerkerschule kam. Wie sich die Schülerinnen und Schüler ihrer angenommen haben, wie sie sich alle um sie kümmerten, das war bezeichnend für den Geist in unseren Klassen.

Gern denke ich zurück an Herta Müller, die längst mit einem Diamanten- und Edelsteinhändler in Nürnberg verheiratet ist. Sie hatte am Nikolausberg ein Studio und war ein Mensch mit viel Humor. Ich schenkte ihr damals den Holzschnitt »Politische Unterhaltung«, der auch Politiker erfreute. Das Bild hängt übrigens auch beim CDU-Chef Kohl in Bonn. Ein Vetter hat ihm den Holzschnitt geschenkt.

Ich weiß, daß Kopien meiner Holzschnitte allenthalben in Franken hängen. Ich weiß auch, daß der eine oder andere Holzschnitt ohne mein Zutun verwendet wird. Und natürlich auch ohne Honorar. Aber ich habe es längst aufgegeben, dagegen etwas zu unternehmen. Schon seit jener Zeit, als meine Frau einmal mit ihrem Gesangverein einen Ausflug nach Miltenberg machte. Da standen in einem Schaukasten lauter Winzermännle, üble Kopien meines in ganz Franken bekannten Originals. Ich wandte mich an einen Rechtsanwalt. Aber was kam dabei heraus: Der Kopierer war ein beinamputierter Kriegsbeschädigter und Vater von neun Kindern. Ich bezahlte die Anwaltskosten, und dabei blieb es.

Nicht selten werde ich gefragt, wie ich es geschafft habe, daß ich so alt geworden bin. Was soll ich antworten? Ich habe mich nicht überfressen, das Rauchen rechtzeitig aufgegeben, habe tüchtig gearbeitet und auf meinen Schoppen Frankenwein nie verzichtet.

Die Volkstümlichkeit hat ihre Licht- und Schattenseiten. Ich allerdings kann mich über eine negative Resonanz nicht beklagen. Es gibt heute zum Beispiel nur noch wenig Betriebe, die Wachsmodelle in Gips gießen. Ich kenne eigentlich nur einen in Bamberg. Aber wie sollte ich eine solche Form nach Bamberg bringen? Die mir bekannte Sekretärin vom Auto-Pfister tröstete mich und meinte: »Das mache ich schon, morgen früh um 8 Uhr ist der Wagen da.« Wie gesagt, so geschehen. Punkt 8 Uhr schellte es. Aber wer stand vor der Tür: der Auto-Pfister höchstpersönlich, empfohlen von seiner Sekretärin, Frau Schmitt. In Bamberg beim Gießer war es dann sehr nett. Als ich ihn fragte, wann ich den Guß abholen könne, antwortete er: »Ich bringe ihn selber.«

Die Rosel aus Obervolkach – Das Brünnle in der Münzschule – In Selb bei Rosenthal gearbeitet – In Indien wie eine Heilige verehrt

Eine Frau kommt mir nicht aus dem Gedächtnis. Nicht nur, weil sie ein abenteuerliches Leben lebte, sondern auch, weil sie ein prächtiger Mensch war und eine bildhauerische Begabung: Rosel Schmidt aus Obervolkach. Ihre Mutter hat sie früh verloren. Der Vater war Schwerkriegsbeschädigter und versoff die ganze Rente. Rosel wohnte daher bei ihren Großeltern in Obervolkach. Dort wurde sie lieblos und schlecht behandelt. Nicht selten kam sie mit blauen Striemen in die Schule. Einmal war sie so mit blauen Flecken bedeckt, daß ich sie mit nach Hause nahm nach Kitzingen.

Von Rosel Schmidt stammt das Brünnle in der Würzburger Münzschule, gleich hinter der Toreinfahrt. Sie hatte vor allem eine besondere Begabung für Tierplastiken. Gern besuchte sie die Kunst- und Handwerkerschule. Mein Kollege Mertens schickte einmal ein Modell von Rosel zu Rosenthal nach Selb. Rosenthal war interessiert und holte sie ins Fichtelgebirge. Dort arbeitet Rosel mit der Künstlerin Bele

Bachem zusammen im gleichen Atelier. Ich habe noch eine von ihr modellierte Geiß zu Hause, die mich ständig an sie erinnert.

Eines Tages begegnete ihr an der Kunst- und Handwerkerschule Schwester Codelli, eine Augustinerin, die als Keramikerin arbeitete. Sie schwärmte Rosel von religiöser Meditation in Indien vor und war der eigentliche Anlaß, daß die weltfremde Rosel eines

Tages auch nach Indien ging. Lange Zeit danach kam ein Besucher bei mir vorbei, der mir schöne Grüße von Rosel Schmidt ausrichtete und mir einige Fotos brachte. Sie zeigten die Rosel unter anderem vor einer Plastik mit zahlreichen indischen Figuren. Ich erfuhr, daß sie in einer Höhle im Vorgebirge des Himalaya wohnte und dort wie eine Heilige verehrt wurde. Sie ernährte sich vom Verkauf wunderschöner Plastiken. Der Pfad zu ihrer Behausung sei nur sehr schwer zu finden. Zweimal im Monat käme sie herunter ins Dorf.

Ich schrieb dann an Rosel und erfuhr, daß es ihr schlecht ging. Ihr mangelte es an Geld, oft sogar am Briefporto. Ich legte dann 100 Mark in einen Brief und schickte ihn an sie. Darauf kam eine Antwort mit der Andeutung, daß sie hoffe, bald wieder nach Deutschland kommen zu können. Ich schickte nochmals Geld. In ihrem Dankbrief teilte sie mir mit, daß sie im Begriff stehe, ihre Höhle zu verlassen und weit davon entfernt eine Musikhochschule zu besuchen. Seitdem habe ich nichts mehr von Rosel Schmidt gehört.

Unfreiwilliger Heiratsvermittler – Acht Tage Sonderurlaub zum Besuch Rudolf Schiestls – Ein verständnisvoller Hauptmann

Einmal bin ich unbewußt sogar zum Heiratsvermittler geworden. Es war in einem der ersten Jahre des ersten Weltkrieges. Ich war beim Ersatzbataillon der Vierzehner in Nürnberg. Unser Hauptmann war ein baumlanger Kerl und vielseitig interessiert. Wenn wir auf dem Hainberg übten, hieß es oft: »Unteroffizier Rother sofort zu Herrn Hauptmann!« Wir sprachen über Gott und die Welt. Da konnte es auch nicht ausbleiben, daß wir von unseren Familien berichteten. Dabei erzählte er mir von einem jungen Mädel, der Schwester seiner Frau. Sie sei zu ihnen nach Nürnberg auf Besuch gekommen, um wieder zu sich selbst zu finden und mit ihrem Schicksal besser fertig zu werden. Sie hatte sich kriegstrauen lassen, und bereits wenige Wochen danach fiel ihr Mann. Sie sei ein Zeichentalent, und es sei schade, wenn das verkümmere. Ich dachte sofort an die Nürnberger Kunstschule und riet meinem Hauptmann: »Schicken Sie sie doch auf die Kunstschule. Der Chef ist der Graphiker und Maler Professor Rudolf Schiestl, den kenne ich gut. Ich werde einmal mit ihm reden, und ich bin davon überzeugt, daß er das Mädel nimmt, denn er hat ein gutes Herz.«

Ich erhielt acht Tage Urlaub und machte mich auf zu Professor Rudolf Schiestl. Ich brauchte ihn nicht lange zu bitten. »Selbstverständlich«, sagte er, »sie soll nur kommen.« Die auf meine Vorstellung hin damals in die graphische Klasse von Rudolf Schiestl

kam, war Margarete zur Bentlage. Sie arbeitete mit Feuer- und Lerneifer, kopierte abwechselnd Dürer und Richter und war eine gute Schülerin. 1916 heiratete sie ihren Lehrer Rudolf Schiestl, bei dem sie auch ihren künstlerischen Weg fand. Der Ehe mit Rudolf Schiestl entsprang die Tochter Notburga. Ihr und ihrem Stiefvater, Dr. Paul List, dem Chef des List-Verlages, der später die Witwe des Malerprofessors heiratete, verdankt die »Hetzfelder Flößerzunft« ihr Domizil, das Heidingsfelder Döle. Ich aber erhielt von meinem Hauptmann vier Wochen Sonderurlaub. Aus Dankbarkeit für den guten Tip mit der Kunstschule und meine Vermittlung. Margarete zur Bentlage aber hat sicherlich nie von meiner Rolle als Heiratsvermittler wider Willen und Wissen erfahren.

**Im Bienenhaus auf die Lauer gelegt – Zwei Laufe=
bengel gingen in die Falle – Bienenhonig gegen
ein Säule – Mit einem Holzvergaser über Land**

Ich war ein leidenschaftlicher Bienenzüchter. Am
Goldberg in Kitzingen hatte ich ein Bienenhaus, von
dem das nächste Wohnhaus etwa 200 Meter entfernt
lag. Eines Tages im Winter kam ich hinaus und fand
die Fluglöcher verstopft. Sie waren richtig mit Erde
zugekleistert. Einige meiner Bienenvölker waren er-
stickt. Da legte ich mich im Bienenhaus auf die Lauer.
Wie ich richtig vermutet hatte, kreuzten auch zwei

Lausebengel auf. Nichtsahnend machten sie sich am Bienenhaus zu schaffen. Ich nichts wie raus. Einen schnappte ich am Schlafittchen. Aber er wollte mir seinen Namen nicht sagen. Da brachte ich ihn ein wenig gewaltsam zum ersten Haus, klopfte und fragte. »Ja, das ist der M.« erhielt ich zur Antwort. Als ich zu den Eltern kam, machten die mir sogar noch einen Skandal, denn erfahrungsgemäß sind die eigenen Kinder meistens Engel. Also ging ich am nächsten Tag zum Lehrer. »Damit will ich nichts zu tun haben. Was außerhalb der Schule geschieht, geht mich nichts an!«, entgegnete er abweisend. Bei einem solchen erzieherischen Versagen auf der ganzen Front braucht man sich über die Zügellosigkeit der Jugend nicht zu wundern.

Die Kitzinger Siedlung ist für Bienen ein schlechtes Trachtgebiet. Als ich von der sogenannten Bienenwanderung hörte und der damit verbundenen Unterstützung mustergültiger Betriebe, meldete ich mich

natürlich. Ich erhielt einen Wanderwagen. In den kamen im Frühjahr meine 25 Völker hinein, und dann ging es los. Ganz einfach war das nicht, denn Bienen können nur nachts transportiert werden. Abends, wenn alle Bienen zu Hause sind, müssen die Fluglöcher geschlossen und für die nötige Luftzufuhr gesorgt werden. Am nächsten Morgen, wenn die Sonne aufgeht, müssen die Bienen dann fliegen können. Natürlich ging eine solche Bienenwanderung nur mit Zwischenstationen vor sich.

Eines Tages fuhr ich mit meinem Lastwagen, einem Holzvergaser, nach Giebelstadt in ein schönes Rapsfeld. Dort kam gleich ein Bauer angezockelt. Ob er nicht etwas Honig haben könnte? Er schlug einen Tausch vor: Honig gegen ein Säule. An einem der nächsten Tage fuhr Gertraud auf dem Rad, mit dem Korb hintendrauf, hinaus nach Giebelstadt und holte das Säule. Daheim im Atelier haben wir es dann geschlachtet. Es gab ein köstliches Mahl.

Nach ein paar Tagen fuhr ich von Giebelstadt in eine Weißtannentracht bei Wielandsweiler in der Nähe von Schwäbisch-Hall. Das war für die Bienen etwas ganz Feines, denn die Weißtannen geben keinen Blütenhonig. Sie sind oft von Tannenläusen befallen, deren Exkremente eine ausgezeichnete Bienennahrung abgeben. Ein Förster half und kontrollierte täglich zweimal die Stände. Dann schickte er rechtzeitig eine Postkarte: Zeit zum Honigschleudern. Weißtannenhonig war mir der liebste Honig. Außerdem erzielte er einen höheren Preis. Pro Volk, das etwa 15 Kilo brachte, mußte damals 1 Kilo abgeliefert werden. Manchmal fehlten mir für den Honig ausreichend Gefäße. Da ließ ich dann in den Orten ausschellen: »Wer Honig haben will, soll Gefäße mitbringen und Eier und Butter als Zahlungsmittel!« Denn mit Geld war mir in dieser Zeit nicht gedient. Also brachten sie Schinken, Rauchfleisch, Eier, Butter und anderes mehr. Wir besorgten uns Milchkannen und packten alles hinein.

Honig war damals auch in anderer Hinsicht ein gutes Tauschmittel. Als mein Haus 1945 von den Amis beschlagnahmt worden war, wohnten wir im Atelier. Ich mußte mir zwangsläufig eine Baracke dazubauen. Für ein paar Kilo Honig konnte ich zwölf Rollen Dachpappe bekommen. Sie mußten allerdings in Aschaffenburg abgeholt werden. Freunde stellten mir einen Lastwagen für den Transport zur Verfügung. Aber bis der in Kitzingen ankam, bestand die Ladung nur noch aus sechs Rollen.

Mit politischen Überzeugungen und Ideologien, so fanatisch sie auch vorgetragen wurden, habe ich mich nie abgegeben. Für mich zählte der Mensch. Daß ich dabei oft enttäuscht wurde, soll nicht bestritten werden. Auch, daß ich meine Hilfe oft Leuten zuwandte, die sie eigentlich nicht verdient hätten. Aber ich konnte halt nicht über meinen Schatten springen. Mir war beispielsweise noch in guter Erinnerung, daß der frühere Würzburger Oberbürgermeister Memmel während des Dritten Reiches einmal Heiner Dikreiter, dem damaligen Floßmäster der »Hetzfelder Flößerzunft«, deutlich machte, daß er den Mund halten solle, sonst könne er ihn nicht vor dem KZ bewahren. Heiner Dikreiter hat sich daran gehalten, und auch die Flößer wurden vorsichtiger. Als ich nach dem Kriege erfuhr, daß Memmel ein jämmerliches Dasein führte, half ich ihm bei der Errichtung eines kleinen Kioskes in meinem Garten am Galgenwasen in Kitzingen, womit er sich vom Verkauf von Kurzwaren usw. ernähren konnte. Es geschah eingedenk der Hilfe, die er uns einmal zuteil werden ließ.

Das »junge, nette Mädel Dagmar« aus Kranji – Gutbesuchte Ausstellungen in Jugoslawien und Schweden – Zur Vernissage herzlich eingeladen

Meine verschiedenen Ausstellungen brachten mich weit herum, auch und vor allem in den letzten Jahren. Sie schenkten mir auch viele neue Freunde. Als ich mit der »Hetzfelder Flößerzunft« im Kronacher Rathaus ausstellte, kam der dortige Bibliothekar Herbert Schwarz dahinter, daß der Künstler Gottfried Neukam aus Kronach mit mir zusammen die Nürnberger Kunstschule besucht hat. Also organisierte er eine gemeinsame Ausstellung Neukam/Rother. Die Stadt Wallenfels übernahm dann die Kronacher Ausstellung, und auch andere oberfränkische Städte interessierten sich dafür.

Wie ich nach Jugoslawien gekommen bin, ist eine lange Geschichte. In einer Wiener Zeitschrift erschien einmal ein Artikel über verschiedene meiner Holzschnitte, vor allem Exlibris. Der Erfolg war, daß von

vielen Sammlern Briefe und Tauschangebote eingingen. Unter denen, die tauschen wollten, war auch eine Dagmar Novaczek aus Jugoslawien. Ihr Brief blieb mir im Gedächtnis haften, weil sie ganz besonders nett geschrieben hatte. Meine Frau antwortete. An Weihnachten und Ostern schickte Dagmar Kleinigkeiten, was mich wiederum veranlaßte, ein paar Handdrucke von mir zu senden. Dabei stellte ich mir Dagmar immer als ein junges, nettes Mädel vor.

Viele Jahre gingen ins Land, und wir kannten uns nur brieflich. Aber unsere Briefpartnerin erwies sich dankbar für jedes Exlibris. Eines Tages besuchte uns eine frühere Schülerin meiner Frau. Sie erzählte uns begeistert von ihrer bevorstehenden Fahrt nach Jugoslawien. Ich nutzte die Gelegenheit. »Kommst du über Kranj?«, lautete meine Frage. Und als sie bejahte: »Dann gebe ich dir einige Holzschnitte mit. Schau dir auf jeden Fall Dagmar einmal näher an.« Als unsere Jugoslawienreisende nach Wochen zurückkam, platzte sie mit der Nachricht ins Haus: »Herr Rother, ich habe Dagmar fest versprochen, daß ich

im nächsten Jahr mit Ihnen nach Kranj komme, Sie lachen sich kaputt, wenn Sie Dagmar sehen. Sie ist klein und rundlich und die Gastfreundschaft selber. Aus dem beabsichtigten Kaffeestündle wurde ein Aufenthalt von acht Tagen.«

Als nächster Gast fuhr meine Tochter Gertraud nach Kranj. Sie fand zwei kleine rundliche Schwestern in einem Riesenhaus. Beide waren überaus gastfreundliche und reizende Leute. Wenig später sind wir dann zusammen hingefahren. Der Aufenthalt dauerte gleich vier Wochen. Das Haus beherbergt fünf Fremdenzimmer, die wir seitdem öfter bewohnten. Dagmar war nämlich in Jugoslawien die Vorsitzende der Vereinigung »Exlibris Sloveniae«. Sie organisierte 1971 eine Ausstellung an der Universität in Ljubljana mit Exlibris aus ihren eigenen Beständen. Ich war zur Eröffnung der Ausstellung dort und werde die schöne Flugreise nie vergessen. Dann ging die Ausstellung nach Portoroz, Bled und Kranj. Schwedische Freunde hörten davon, und dann kam auf einmal eine Anfrage, ob die Ausstellung nicht auch nach Göteborg kommen könne. Da ich nicht direkt an den Ausstellungen beteiligt war, verwies ich an Dagmar. Und sie sagte zu.

Alle Holzschnitte waren von hilfsbereiten Studenten in Passepartouts und Rahmen gebracht worden.

Schwierigkeiten beim Zoll wurden mit Hilfe des deutschen Konsuls in Belgrad behoben. Er setzte sich schließlich direkt mit Göteborg in Verbindung. Der Erfolg: Die ganze Ausstellung mit 400 Holzschnitten ging samt 25 Bocksbeutel-Etiketten von Laibach/Belgrad über Bonn nach Göteborg. Das war einmalig. Die Ausstellung fand in einem Kulturzentrum statt, mit Bürgerhaus, Ateliers und anderem mehr. Bei einer Besucherzahl von täglich etwa 1000 wurde eine Gesamtbesucherzahl von rund 50 000 erreicht. Natürlich war ich selber auch zur offiziellen Eröffnung in Göteborg und wünschte mir ähnliches Interesse und ebensolche Aufgeschlossenheit gegenüber Künstlern und ihrem Werk auch bei uns. Aber wir halten es schon für außergewöhnlich, wenn wir bei einer Ausstellung einmal 2000 Besucher zählen. Aus Schweden und Jugoslawien erhalte ich heute noch Briefe.

Das Scheinwerferlicht der Öffentlichkeit gescheut – Aber dennoch im Kaiserfaal der Würzburger Residenz eine Rede gehalten

Ich bin seit eh und je ein Landkind und habe mich in Gottes freier Natur immer am wohlsten gefühlt. Daher rührt es wohl auch, daß ich es gar nicht gern mag, wenn irgendwann einmal meine Person ins Scheinwerferlicht der Öffentlichkeit gerückt wird. Das war auch so, als mir die Stadt Würzburg den Kulturpreis verlieh, obwohl ich mich über diese ehrende Anerkennung außerordentlich gefreut habe.

Ich erinnere mich noch gut, daß es mir zutiefst zuwider war, als ich im Herbst 1957 in der Würzburger Residenz nicht nur den Deutschen Weinkulturpreis verliehen bekam, sondern auch noch eine Rede halten sollte. Nicht etwa, daß ich mich in der Reihe namhafter Preisträger nicht wohlgefühlt hätte. Denn zum ersten Male erhielt der Dichter Rudolf G. Binding den Preis für sein köstliches Buch »Moselfahrt aus Liebeskummer«. Zum zweiten Male wurde der Deutsche Weinkulturpreis keinem Geringeren zuerkannt als Carl Zuckmayer, dem Schöpfer des »Fröhlichen Weinbergs«. Aber als ich dann aus der Hand des damaligen Präsidenten Dr. Rücker die »Goldene Traube« als »Dank für Bewährtes und Ansporn zu neuem Werk« entgegengenommen hatte, fiel es mir eigentlich gar nicht so schwer, ans Rednerpult zu gehen und folgende Dankansprache zu halten:

Aller Anfang ist schwer. Besonders für einen, der zum ersten Male ans Pult tritt, noch dazu vor so viele und anspruchsvolle Zuhörer und für einen, der sich für eine so hohe Auszeichnung bedanken muß. Auch leise Bedenken, ob ich wirklich diese Ehre vor anderen

verdient habe, machen die Sache nicht gerade leichter. Aber hier hilft mir die große Freude, und vor allem treibt mich der Dank an den Wein selbst und an seinen Hofstaat – vom Winzer bis hin zum mehr oder weniger stillen Genießer.

Daß meine Arbeit immer wieder in diesen Kreis zurückkehrt, liegt weniger an mir selber, als am Wein. Der Wein ist vielgestaltig und eigenwillig. Wohl nirgends anders sind die verschiedenen Anbaugebiete von so ausgeprägtem Eigencharakter, wie bei unseren Volksstämmen, aus denen Weinlagen wie eigenwillige Persönlichkeiten hervortreten.

Diese Vielgestalt spiegelt sich auch in der blumenreichen Sprache der Weinkenner. Daß Winzer, Händler und Trinker sich solcherart fast zu Poeten entwickeln, zeigt eine geheimnisvolle Kraft im Wein. Wie stark diese auf den Künstler wirkt, beweist, daß wohl kaum ein Thema so häufig, so verschiedenartig, so unverbraucht frisch in der Kunst wiederkehrt. Eine unerschöpfliche Fundgrube, vergleichbar mit Mutters Wollkorb: Man nimmt nur einen Faden, und schon quillt ein buntes Gewirr von Anregungen auf uns zu, jede wert, ihr nachzuspüren.

Der Kontakt zwischen dem Wein und der Kunst ist vielleicht so eng, weil für beide das Gleiche gilt. Zum Weinbau und Weintrinken gehört neben dem Gaumen der rechte Sinn fürs Ursprüngliche, Origi-

nelle, angefangen von der zarten Süße übers Herbe bis zum Schrulligen. Zwangsläufig findet sich um den Wein eine Gesellschaft, vielgestaltig und eigenwillig wie er selbst. Angefangen vom ätherischen Geist bis zum derben Original sammelt er unter seinem Zepter alles, was innere Kraft zur Persönlichkeit aufbringt. Für den Künstler ist das ein fruchtbarer Boden. Und so ist es wohl eine besondere Gnade, wenn der Himmel unsereins zwischen Rebstöcke pflanzt.

Was meine eigene Arbeit betrifft, gibt es schon noch einige weitere Parallelen zur Rebe: Der Winzer bietet auch nicht immer Spitzenerzeugnisse an. Halten Sie uns beiden ein wenig zugute, daß der Winzer den Wettergott und ich den Auftraggeber nicht vernünftiger machen kann. Ein guter Tropfen hilft dann oft über Enttäuschungen hinweg und stimmt versöhnlich. Dankbar vermute ich von meinen Kritikern, daß auch sie manchmal auf dieses Mittel zurückgegriffen haben.

Nach allen diesen Überlegungen drängt sich die gleiche Frage auf: Kann man bei einem Künstler überhaupt von einem Verdienst um den Wein reden? Bei Licht besehen, ist doch immer der Wein der Schenkende. Der Wein überschüttet uns in verschwenderischer Vielfalt mit Ideen und Anregungen. Er erfüllt uns mit Lust und Liebe zu immer neuem Tun. Gewiß mag es sein, daß die Früchte unserer Arbeit manchen Mitmenschen auf eigene Entdeckungspfade locken und dem Wein näherbringen. Ist es aber ein so großes Verdienst, wenn einem der Mund überläuft, wess' das Herz voll ist? Ich glaube vielmehr: Sollte es anders sein, dann wäre es besser, jegliche Kunst an den Nagel zu hängen.

Wer mich aber nun für bescheiden hält, dem sei gesagt: Ich bin überzeugt, daß ich einen Preis redlich verdient habe! Denn die Rebstöcke an meinem Haus sind so liebevoll und fachgerecht von mir gepflegt, daß ich mir was drauf einbilde.

ZU GUTER LETZT

»Halt dei Maul! Wenn i gewißt hätt, daß du quatschst, wär i net komme.« Diese Worte Richard Rothers waren an die Adresse des damaligen Floßmästers der »Hetzfelder Flößerzunft« und Freundes Heiner Dikreiter gerichtet, als er anläßlich einer Flößerzusammenkunft im Döle in Heidingsfeld zu einer Geburtstagsrede ansetzte. Er kam nicht weit damit und mußte es bei den üblichen herzlichen Glückwünschen bewenden lassen, wollte er sich nicht den Zorn seines weißbärtigen Freundes zuziehen. Statt dessen stellte Riro, wie die »Flößer« ihren getreuen Zunftgenossen und Senior nennen, einige Bocksbeutel auf den Tisch, die den zünftigen Stoff dafür abgaben, auf die Gesundheit und weiteres unermüdliches Schaffen des damals 75jährigen Holzschneiders, Grafikers und Bildhauers zu trinken.

Diese Szene war typisch für Richard Rother. Sie kam mir sofort ins Gedächtnis, als mir der Echter Verlag sein Vorhaben eröffnete, Richard Rother einmal nicht nur als Holzschneider, sondern auch als Erzähler vorzustellen. Das hatte seine besonderen Schwierigkeiten. Das Elixier Frankenwein verwandelt Richard Rother zwar des öfteren in einen köstlichen Erzähler, aber über sich selber und sein Leben zu plaudern, wenn gleichzeitig ein Tonband mitläuft, das schien anfänglich geradezu unmöglich. Aber dann ist es doch gelungen ...

Vor allem war es die charmante Wirtin des Gästehauses Leicht in Biebelried, die geradezu mütterliche Betreuerin Richard Rothers, die uns wesentlich dabei half. In einer heimeligen Stube des bekannten Gasthofes hockten wir dann um den Tisch, Richard Rother, der nun 88jährige Freund und Flößer, Willi Greiner, ebenfalls Flößer und Freund bereits aus der Zeit langen und gemeinsamen Wirkens an der Würzburger Kunst- und Handwerkerschule, Franz Reuchlein, der humorvolle Maler und Grafiker. Dazu Heinz Otremba vom Echter Verlag, ebenfalls Mitglied der »Hetzfelder Flößerzunft« wie die anderen. Und schließlich der Floßmäster dieser Gilde von Künstlern und Kunstfreunden und Schreiber dieser Zeilen. Ab und zu huschte Monika, die liebenswürdige Bedienung, zur Tür herein und schenkte uns einen »Trockenen« ein, der die Zungen löste. Und wann immer sie frei war, saß auch die Wirtin, Frau Leicht, in der Männerrunde und strahlte »ihren« Richard an. Ein Wort gab das andere, eine Erinnerung weckte die andere, und aus Rede und Gegenrede erwuchs zwei Abende lang ein Gespräch, aus dem dieser Band Wesentliches enthält.

Das von Richard Rother Erzählte sagt zwar viel über den Menschen und Künstler Richard Rother aus, aber für alle, die ihn nicht kennen oder nur weniges von ihm wissen, erscheint es doch angebracht, noch einige Erläuterungen hinzuzufügen. Erschöpfendes über einen Menschen auszusagen, der Einmaligkeit dieser Persönlichkeit gerecht zu werden, den ganzen, gütigen, liebenden, lächelnden und auch mitleidenden Menschen Rother darzustellen, das vermögen allerdings auch diese Zeilen nicht.

Abhold allen wortreichen Ehrungen, zählt Richard Rother zu den Stillen im Lande. Er ist ehrlich und offenherzig, in seinem Wort wie in seinem Werk. In

beiden beschränkt er sich auf das ihm Gemäße, das er mit höchster Meisterschaft zu erfüllen sich bemüht. Dabei blitzt ihm der Schalk aus den Augen, überglänzt ein jugendfrisches Lächeln, trotz seines weißen Haares, sein markantes Gesicht, angesichts dessen sich ein jeder unwillkürlich fragt, ob der 88. Geburtstag im Mai 1978 nicht doch ein Irrtum sei. Seine Person wie sein Werk, zuletzt der Häckerbrunnen auf dem Oberen Markt in Würzburg, scheinen dem zu widersprechen.

Der begnadete Künstler, aus dessen Werk echte Liebe zu aller Kreatur strahlt, hat wirklich schon 88 Lenze auf seinem ungebeugten Buckel. Er liebt das fränkische Weinland und seine Menschen, wurzelt ebenso tief in ihm wie die von ihm geschaffenen Gestalten der Häcker und Winzer, weinlesenden Mädchen, Bürger und Bauern. Die Handschrift seiner Holzschnitte ist unverkennbar, unverkennbar aber auch das beglückend Menschliche in seinem Werk. Treffender als der allzufrüh verschiedene Fritz Mertens hat es kaum einer je geschildert:

»Rother weiß zu lächeln, wie ein Weiser lächelt über die trotz allem beste aller möglichen Welten. Sein Humor hat nichts Lautes, nichts Derbes, nichts Anklagendes, wenn er über das Allzumenschliche spricht. Er gehört nicht zu den Selbstgerechten und Unduldsamen. Es ist eine klug beobachtende Liebe, die sein Werkzeug führt. Und wo ihm, der das Lächeln liebt, das Leid begegnet, wird er nicht zum Fanatiker, zum Ankläger, zum Richter. Hoffen und Glauben gebären die Güte, mit der er das Dunkle überstrahlt. Er lächelt auch unter Tränen. Und dieser Güte herznahe ist alles, was ihn umgibt, Mensch und Tier und Landschaft. Unausschöpfbar ist die Fülle, die dem Liebenden daraus zufließt. Nichts läßt ihn unberührt, nichts auch, was sich seiner Fähigkeit, zu gestalten, entzöge. Allen aber hat er etwas zu sagen, über alles etwas auszusprechen. Und immer ist er schlicht, von überzeugender Einfalt und Verständlichkeit.«

Das Ende des ersten Weltkrieges, der auch in Richard Rothers Leben eine Zäsur darstellte, führte ihn nach Kitzingen. Hier wurde die mainfränkische Landschaft für den geborenen Hessen zu einer ihn mitformenden Kraft. Seine menschliche Reife, seine nie versiegende Ideenfülle und sein universales Können als Bildhauer und Holzschneider prädestinierten ihn zum Kunstlehrer. Seit 1931 wirkte er an der Würzburger Kunst- und Handwerkerschule. Die Plastiken dieses Künstlers, der ja von der Bildhauerei herkommt und auch immer wieder zu ihr zurückfand, sind weit verstreut. Seine unzähligen Holzschnitte sind begehrte Stücke für Liebhaber und Sammler. Die von ihm illustrierten Bücher, vor allem über den Wein, sind vielgekaufte Geschenke. Hier gehört auch her, daß Richard Rother im August 1957 im Kaisersaal der Würzburger Residenz mit dem Deutschen Weinkulturpreis geehrt wurde. Es war jener Augenblick, in dem Richard Rother zu rühmen wußte, daß es eine besondere Gnade sei, wenn einen der Himmel zwischen Rebstöcke pflanzt.

Richard Rother ist einmalig. Kein bildender Künstler ist im Lande weit und breit, der aus Weinfranken soviel schöpfte und zugleich Franken so reich beschenkte. Richard Rother ist in seinem Werk geradezu identisch mit dem Fränkischen, mit seinen Winzern, Häckern und Mostgöikern, um nur einige hervorragende Vertreter zu nennen, ohne dabei etwa die hübschen Frankenmädchen zu vergessen. Mögen ihm Lebensmut und Schaffensfreude noch lange erhalten bleiben. Richard Rother gehört zu Franken wie die Bildstöcke landauf, landab, wie der Frankenwein in den Kellergewölben und gastlichen Schenken.

Bruno Rottenbach